UTB **3187**

Eine Arbeitsgemeinschaft der Verlage

Böhlau Verlag · Köln · Weimar · Wien
Verlag Barbara Budrich · Opladen · Farmington Hills
facultas.wuv · Wien
Wilhelm Fink · München
A. Francke Verlag · Tübingen und Basel
Haupt Verlag · Bern · Stuttgart · Wien
Julius Klinkhardt Verlagsbuchhandlung · Bad Heilbrunn
Lucius & Lucius Verlagsgesellschaft · Stuttgart
Mohr Siebeck · Tübingen
Orell Füssli Verlag · Zürich
Ernst Reinhardt Verlag · München · Basel
Ferdinand Schöningh · Paderborn · München · Wien · Zürich
Eugen Ulmer Verlag · Stuttgart
UVK Verlagsgesellschaft · Konstanz
Vandenhoeck & Ruprecht · Göttingen
vdf Hochschulverlag AG an der ETH Zürich

Michaela Schmidt, Meike Landmann
Kirsten van de Loo

Lehrer werden

Strategien für einen erfolgreichen Einstieg
in den Lehrberuf

Unter Mitarbeit von Anne Roth

Vandenhoeck & Ruprecht

Die Dipl. Psych. Michaela Schmidt und Kirsten van de Loo lehren an der
TU Darmstadt. Dr. Meike Landmann ist am hessischen Institut für Qualitäts-
entwicklung tätig.

Mit 2 Abbildungen

Bibliografische Information der Deutschen Nationalbibliothek

Die Deutsche Nationalbibliothek verzeichnet diese Publikation in der
Deutschen Nationalbibliografie; detaillierte bibliografische Daten sind
im Internet über http://dnb.d-nb.de abrufbar.

© 2009, Vandenhoeck & Ruprecht GmbH & Co. KG, Göttingen
Internet: www.v-r.de
ISBN 978-3-525-03850-5

Umschlaggestaltung: Atelier Reichert, Stuttgart
Druck und Bindung: ⊕ Hubert & Co, Göttingen

UTB Bestellnummer
ISBN 978-3-8252-3187-3

Inhalt

Zielsetzung 9

Selbstregulation im Beruf und beim Lernen 11
    Fallbeispiel „Referendariat" 11
    Die Prinzipien der Selbstregulation 13
    Selbstregulation und Selbstmanagement 14
    Strategien vor dem Handeln 15
    Strategien während des Handelns 26
    Strategien nach dem Handeln 32
    Förderung der Selbstregulation von Schülern 35
    Strategien vor dem Lernen 36
    Strategien während des Lernens 38
    Strategien nach dem Lernen 42

Lernstrategien 45
    Fallbeispiel „Prüfungsvorbereitung" 45
    Anwendung konkreter Lernstrategien 46
    Förderung von Lernstrategien im Unterricht 54

Planung und Durchführung von Unterricht 57
    Fallbeispiel „Unterrichtsstunde" 57
    Strategien zur Unterrichtsplanung und -durchführung . . 58
    Analyse der Rahmenbedingungen 59
    Planung der Inhalte 61
    Planung der Methoden 65
    Arbeitsaufträge erstellen 81
    Anmerkung zur Umsetzung in der Praxis 84

Vortragstechniken 85
    Fallbeispiel „Referate" 85
    Vorbereitung eines gelungenen Vortrags 89
    Allgemeine Hinweise zur Vortragsvorbereitung 90
    Inhalt eines Vortrags 93
    Aufbau eines Vortrags 94
    Gestaltung eines Vortrags 95
    Verwendung von Visualisierungshilfen 98
    Rhetorik und Körpersprache 100
    Analyse eines Vortrags 102
    Vermittlung von Vortragstechniken im Unterricht 103

Umgang mit Bewertungsängsten und hinderlichen Gefühlen 107
    Fallbeispiele „Ärger" und „Prüfungsangst" 107
    Bewältigung hinderlicher Gefühle 110
    Strategien zur Emotionsregulation 112
    Kurzfristig wirkende Strategien 112
    Langfristig wirkende Strategien 118
    Umsetzung der Strategien 121
    Hinderliche Emotionen und Bewertungsängste
    von Schülern 122
    Vermittlung hilfreicher Strategien an Schüler 123
    Emotionsregulation im Unterricht 125

Beratungsarbeit im Bedingungsfeld Schule 127
    Fallbeispiel „Kollegiale Beratung" 127
    Kollegiale Beratung im Lehrerberuf 129
    Ziel der kollegialen Beratung 130
    Themen und Inhalte der kollegialen Beratung 132
    Rollen in der kollegialen Beratung 132
    Ablauf der kollegialen Beratung 134
    Methodensammlung 140
    Der Lehrer als Berater 146
    Fallbeispiel „Doppelrolle Lehrkraft und Berater" 147
    Der neutrale Berater 148

10 Stufen der Beratung 149
Vorbereitung von Elterngesprächen 152
Umgang mit Widerständen 153

Literatur 155

Danksagung................................. 159

Zielsetzung

Dieses Buch wurde speziell für *Lehramtsstudierende und Referendare (LiVs)*[1] geschrieben. Wir wollen Ihnen zum einen Lern- und Arbeitsstrategien vermitteln, die Sie selbst für Ihr Studium oder Ihren Arbeitsalltag heranziehen können. Zum anderen stellen wir Methoden (Lehrstrategien) zur Förderung effektiver Lernstrategien bei Ihren Schülern vor. Somit wird das Buch insbesondere der Situation der Lehramtsstudierenden und Referendare gerecht, nämlich einerseits *noch zu lernen* und andererseits bereits *schrittweise die Rolle des Lehrenden* zu übernehmen. Aber auch dann, wenn Sie bereits Erfahrungen im Schulalltag gesammelt haben, können Sie von diesem Buch profitieren.

Mit einem *hohem Praxisbezug* werden die Themen *Selbstregulation und Selbstmanagement, Lernstrategien, Vortragstechniken, Umgang mit Bewertungsängsten und hinderlichen Gefühlen, Planung und Durchführung von Unterricht* sowie *Beratungsarbeit im Bedingungsfeld Schule* thematisiert. Neben der komprimierten Darstellung wesentlicher theoretischer Grundlagen wird Ihnen mittels *Übungen* und *Definitionen* (siehe Kästen) sowie *Checklisten* (siehe grau hinterlegte Abschnitte) die Umsetzung der Inhalte im beruflichen Alltag erleichtert und die Aneignung zentraler Schlüsselqualifikationen ermöglicht.

Auf der Homepage www.UTB-mehr-wissen.de finden Sie weitere Übungen und Arbeitsblätter, die Ihnen helfen effektive Strategien für den Lehrberuf zu entwickeln.

---

1 Zur besseren Lesbarkeit wird bei Personen- und Berufsbezeichnungen die neutrale oder die männliche Form verwendet. Natürlich sind alle Lehramtsstudentinnen, Referendarinnen, Lehrerinnen sowie alle anderen Leserinnen gleichermaßen angesprochen.

Selbstregulation im Beruf und beim Lernen[2]

Fallbeispiel „Referendariat"

Mike sitzt um 23 Uhr am Schreibtisch in seiner WG und bereitet den Unterricht für den nächsten Tag vor. Er ist seit einem halben Jahr Referendar an einem Gymnasium und fühlt sich noch ziemlich überfordert. Die Umstellung vom Leben als Student auf das eines Lehrers fiel ihm nicht besonders leicht. Nicht nur der frühe Arbeitsbeginn und die stressigen Arbeitstage belasten ihn. Als viel anstrengender empfindet er den ständigen Druck, der ihm förmlich im Nacken sitzt. Nach den Weihnachtsferien ist sein Stundenplan von sieben auf 16 Stunden die Woche hochgeschraubt worden. Dabei hatte er schon seine ganze freie Zeit für die Vorbereitung der sieben Schulstunden aufwenden müssen. Wieder einmal fragt sich Mike, wie er das alles schaffen soll. Muss er jetzt auch noch die Nächte durcharbeiten? Er merkt, dass ihm die Unterrichtsvorbereitung noch nicht viel leichter von der Hand geht als zu Beginn seines Referendariats. „Wie auch?", fragt er sich. Schließlich konnte er an der Uni keine Praxiserfahrung sammeln und ihm hat niemand beigebracht, wie er sich die knappe Zeit effektiv einteilt oder mit schwierigen Schülern zurechtkommt. Mikes Freundin Christine sitzt im Wohnzimmer und ist sauer. Seit langem haben sie nichts mehr gemeinsam unternommen, und jedes Mal, wenn sie sich sehen, ist er mit seinen Gedanken ganz woanders. Er kann eben einfach nicht abschalten und nimmt die ganze Arbeit gedanklich mit in die spärliche Freizeit.

---

2 Dieses Kapitel entstand unter Mitarbeit von cand. Psych. Anne Roth.

Obwohl es sich hier um ein fiktives Fallbeispiel handelt, spiegelt es die Situation vieler Referendare und Lehramtsstudierender wider. Nicht selten berichten diese von Überforderung und „Dauerstress". Die Unterrichtsvorbereitungen, die vor allem zu Beginn des Referendariats sehr viel Zeit benötigen, werden meist als größtes Problem empfunden. Wenn dann nach einigen Monaten die Unterrichtsstundenzahl erhöht wird, fragen sich viele, wie sie das überhaupt schaffen sollen. Schließlich hat auch ihr Tag nur 24 Stunden.

Dieses Kapitel vermittelt Strategien, welche Ihnen helfen, die oben genannten Schwierigkeiten zu reduzieren. Im Lehrberuf und vor allem während des Referendariats haben sich Fähigkeiten zur effektiven Einteilung der Zeit, zur sinnvollen Strukturierung der Arbeit und zur zielgerichteten Steuerung des eigenen Verhaltens als zentral erwiesen. Diese Kompetenzen nehmen im Lehrberuf eine ganz wesentliche Rolle ein, da die strukturierenden Vorgaben eher gering sind und ein Großteil der Arbeit selbst organisiert werden darf und muss. Selbstregulation und Selbstmanagement stellen somit bei der Bewältigung der Belastungen während der Referendariatszeit eine wichtige Ressource dar. Doch was ist damit eigentlich genau gemeint?

Bevor wir diese Frage beantworten, überlegen Sie sich bitte anhand der folgenden Fragen, in welchen Bereichen Ihres beruflichen Alltags Sie etwas verbessern möchten.

Meine persönliche Fragestellung an dieses Kapitel:

- Welche Bereiche meines persönlichen Selbstmanagements bzw. der Gestaltung meines beruflichen Alltags möchte ich verbessern?
- In welchen Bereichen funktioniert mein Selbstmanagement schon ganz gut?

Die Prinzipien der Selbstregulation

Sich selbst zu regulieren bedeutet, sein eigenes Verhalten in Bezug auf gesetzte Ziele zu beobachten und wenn nötig im Sinne der Zielerreichung anzupassen. Selbstregulation geht damit über den unsystematischen Einsatz vereinzelter Selbstmanagement-strategien hinaus, da die Auswahl und die Ausführung von Techniken hier immer unter dem Aspekt der Zielerreichung erfolgt.

Regulation bezieht sich auf die Anpassung von Gedanken, Gefühlen und Verhalten im Laufe eines Handlungsprozesses, um ein bestimmtes Ziel zu erreichen. Zentral ist hierbei der Vergleich eines gewünschten Ziel-Zustandes mit dem derzeitigen Ist-Zustand. Die Differenz zwischen Ist-Zustand und dem Ziel soll durch den Einsatz geeigneter Strategien reduziert werden. Nach der Umsetzung der Strategien wird genau geprüft, inwiefern diese erfolgreich im Sinne der Zielerreichung waren und ob der Einsatz weiterer Strategien notwendig ist. Der Handelnde kann jedoch auch zu dem Schluss kommen, dass das zuvor gesetzte Ziel angepasst werden muss. Vielleicht war es zu hoch gesteckt oder aus anderen Gründen nicht erreichbar. Bei der Selbstregulation werden also nicht nur der Strategieeinsatz sondern auch die Ziele einer fortwährenden Prüfung unterzogen (vertiefend siehe Landmann, 2008; Landmann & Schmitz, 2007).

Nach dem Modell der Selbstregulation (Schmitz, 2001) wird eine Handlung (z.B. Arbeits- oder auch Lernhandlungen) in drei Phasen unterteilt:

- Die Phase vor dem Handeln,
- die Phase während des Handelns und
- die Phase nach dem Handeln.

In den einzelnen Phasen werden verschiedene Regulationsstrategien eingesetzt. So beschäftigt sich die erste Phase (vor dem Handeln) mit der *Zielsetzung* und *Planung von Handlungen.*

Dabei spielen die gegebene Situation, die *Motivation* und die *Selbstwirksamkeit* (d.h. das Vertrauen, die gesetzten Ziele aufgrund der eigenen Fähigkeiten erreichen zu können) eine Rolle. In der zweiten Phase (während des Handelns) werden die geplanten Strategien umgesetzt. Hier sind die investierte *Zeit*, die *Aufrechterhaltung* der geplanten Handlung und ihre *korrekte Ausführung* wichtig. In der dritten Phase (nach dem Handeln) erfolgt schließlich die rückblickende *Bewertung und Reflexion* der Handlung und des Handlungsergebnisses (vertiefend siehe Landmann, 2008). Je nach Bewertungsergebnis können nach Abschluss einer Handlung, Modifikationen der Strategien und/ oder der Ziele vorgenommen werden.

Selbstregulation und Selbstmanagement

Wie dem Referendar Mike (Fallbeispiel, S. 11) geht es vielen Referendaren. Sie fühlen sich überfordert und wissen nicht, woher Sie die Zeit für die viele Arbeit nehmen sollen. Vor allem solche Studierende, deren Studium stärker strukturiert war, haben Schwierigkeiten mit der neuen Eigenverantwortlichkeit ihres Arbeitslebens. Dementsprechend ist die Selbstregulation eine zentrale Fertigkeit und Ressource bei der erfolgreichen Bewältigung des beruflichen und privaten Lebens. Vermutlich hätte Mike seine Unterrichtsvorbereitungen effektiver gestalten können, wenn er sich zuvor überlegt hätte, *was* genau er machen möchte und vor allem *wie*, *wann* und *wo* er seine Handlungen schrittweise umsetzen kann. Auch wenn ihn diese Planung ebenfalls Zeit gekostet hätte, hätte er durch konkret definierte Tages- und Wochenziele gewusst, wie er seine Zeit einteilen muss und seine Ziele vermutlich entspannter erreicht. Im folgenden Kasten sind die wichtigsten Schritte des selbstregulierten Handelns aufgeführt. Darauf aufbauend werden einzelne Schritte durch Tipps und Übungen vertieft.

Selbstregulation im Überblick:

Vor dem Handeln
- Definition von Zielen;
- Aktivierung der eigenen Ressourcen;
- möglichst konkrete Planung und Vorbereitung der Handlungen.

Während des Handelns
- Beobachtung der eigenen Handlung;
- Vergleich von Strategieumsetzung mit -planung;
- bei Bedarf Änderung der Handlungsstrategien.

Nach dem Handeln
- Ergebnisbewertung;
- Reflektion des eigenen Handelns;
- gegebenenfalls Modifikation der Handlungsstrategien und/oder der gesetzten Ziele für zukünftiges Handeln.

Strategien vor dem Handeln

Vor der eigentlichen Handlung sind drei Aspekte besonders zu beachten:

- Zielsetzung;
- Handlungsplanung;
- Ressourcenaktivierung.

Zielsetzung

Zunächst ist es wichtig sich *Ziele zu setzen*. Ziele helfen Ihnen, Wichtiges von Unwichtigem zu unterscheiden und Prioritäten zu setzen. Fragen Sie sich, welche Ziele Sie derzeit haben und wie wichtig und erstrebenswert diese Ziele für Sie sind. Je nach Wichtigkeit des Ziels werden Sie unterschiedlich viel Energie für dessen Erreichung aufbringen.

Darüber hinaus können Konflikte zwischen verschiedenen Zielen oder Bedürfnissen entstehen. Diese Konflikte zu ignorieren ist meist wenig hilfreich. Sinnvoller ist es, sich die inneren „Unstimmigkeiten" bewusst zu machen und die sich widersprechenden „inneren Stimmen" zu Wort kommen zu lassen (siehe unten „Diskussion eines inneren Teams"). Wenn Sie alle Argumente der inneren Teammitglieder gehört haben, können Sie entweder jedes Argument gewichten oder sich fragen, was ein wohlwollender Freund Ihnen nach Anhörung der Argumente jetzt raten würde (Fischer-Epe & Epe, 2007; Schulz von Thun, 1998). In jedem Fall sind Sie nach dieser „Anhörung" in der Lage, eine bewusste Entscheidung zu treffen, die Sie wieder handlungsfähig macht. Auch wenn dieses Vorgehen die Entscheidungsfindung auf den ersten Blick aufwändiger erscheinen lässt, ermöglicht es Ihnen eine fundiertere Entscheidung und eine motiviertere Zielumsetzung.

„Diskussion" eines inneren Teams:

Stellen Sie sich vor, Sie haben eine innovative Unterrichtsmethode entwickelt und würden diese gerne während Ihres nächsten Unterrichtsbesuchs erproben. Sie sind zwar überzeugt von Ihrem methodischen Vorgehen, haben jedoch auch gleichzeitig Angst, bei den vermutlich eher konservativen Prüfern anzuecken. Ihr Bedürfnis, eine gute Bewertung zu erhalten, gerät also in Konflikt mit Ihrem Ziel, den Schülern die Lehrinhalte spannend zu vermitteln und etwas Neuartiges zu wagen. Ihr inneres Team könnte hier also beispielsweise aus dem „vorsichtigen Skeptiker" und dem „innovativen Enthusiasten" bestehen. Beide haben unterschiedliche Ziele und Befürchtungen, welche erkundet werden wollen. Der Skeptiker könnte z. B. sagen: „Ich habe Bedenken, dass die Sache ein Desaster wird und wir uns eine Standpauke vom Prüfer anhören müssen." Der innovative Enthusiast könnte entgegnen: „Die Methode ist gut, wir haben sie schon gemeinsam mit der Klasse erprobt. Der Prüfer wird an der Beteiligung der Schüler sehen, dass sie effektiv ist." Auf diese Art und Weise kann die Diskussion fortgeführt werden, bis Sie in der Lage sind, eine Entscheidung zu treffen.

Um Ihrem derzeitigen Ziel die nötige Aufmerksamkeit zu schenken und dessen Relevanz zu betonen, haben Sie nun die Möglichkeit es zu formulieren. Dies hilft Ihnen, Ihr Ziel klarer vor Augen zu sehen und seine Konsequenzen besser abschätzen zu können.

Ihre persönliche Zielsetzung:

- Wie lautet mein derzeitiges berufliches Ziel?
- Wie wichtig ist mir dieses Ziel?
- Bestehen „innere" Teamkonflikte?

Obwohl es zentral ist, dass Ziele persönlich *erstrebenswert* sind, kommt es mitunter vor, dass wir Aufgaben ausführen müssen, die uns persönlich nicht wichtig sind. Dies kann zu Motivationsproblemen führen. In solch einem Fall kann es helfen, wenn Sie sich deutlich machen, welche *positiven Effekte* die Zielerreichung für Sie persönlich mit sich bringt, oder wenn Sie sich eine Belohnung versprechen, die *nach* der Zielerreichung eingelöst wird. Wenn Sie Probleme bei der Zielumsetzung haben, können Sie auch einen *Verhaltensvertrag* mit sich selbst oder anderen abschließen. Darin legen Sie Ihr Ziel, die Schritte, welche zur Zielerreichung notwendig sind, sowie eine Belohnung fest. Damit es ein verbindlicher Vertrag wird, versehen Sie diesen mit Datum und Unterschrift. Zur Erinnerung können Sie ihn gut sichtbar in Ihrem Arbeitszimmer aufhängen.

Ihre persönliche Zielsetzung:

- Inwiefern ist mein Ziel für mich relevant?
- Welchen Nutzen habe ich von der Zielerreichung?
- Oder alternativ: Womit belohne ich mich, wenn ich mein Ziel erreicht habe?
- Wie kann ich mich noch motivieren? (Verträge, …)

Neben der Zielsetzung spielt auch die *Zielformulierung* eine entscheidende Rolle für die Zielerreichung. Stellen Sie sich vor, Sie stehen morgens mit dem Ziel auf, ein dickes Lehrbuch noch am selben Tag komplett durchzuarbeiten. Wie würde es Ihnen damit gehen? Vermutlich wären Sie, so wie die meisten, ziemlich überfordert mit dieser Aufgabe. Vielleicht würden Sie sich sagen: „Das schaffe ich sowieso nicht, da brauch ich gar nicht anzufangen." Ähnlich verhält es sich, wenn Sie sich vorgenommen haben, jeden Tag nur eine Seite aus dem Lehrbuch zu lesen. Vielleicht würden Sie denken: „Dann lese ich morgen einfach zwei Seiten und mache heute frei." Schieben Sie Ihre Aufgaben jeden Tag auf diese Weise vor sich her, stehen Sie bald vor einem Berg an Aufgaben, der in kurzer Zeit erledigt werden muss. Es ist also wichtig, dass die von Ihnen gesetzten Ziele *erreichbar*, aber auch *herausfordernd* und etwas schwierig sind, denn solche Ziele motivieren am meisten.

Achten Sie bei der Zielformulierung darauf, *Annäherungsziele* und keine Vermeidungsziele zu definieren. Beschreiben Sie also

NICHT, was Sie lassen oder weniger tun möchten (z.B. „Bei der nächsten Unterrichtsvorbereitung möchte ich weniger Stress haben."), sondern formulieren Sie, was Sie *stattdessen* tun oder wie Sie sich verhalten möchten (z.B. „Ich möchte es schaffen, die Unterrichtplanung so langfristig anzugehen, dass ich am Tag vor der Unterrichtsstunde ganz entspannt sein kann."). Der Vorteil eines Annäherungsziels liegt darin, dass Sie leichter Ihre Handlungsschritte zum Ziel ableiten können. Ein Vermeidungsziel lässt sich durch die Frage: „Was möchte ich stattdessen?" in ein Annäherungsziel verwandeln.

Ihre persönliche Zielsetzung:

Wie lautet mein Ziel, wenn ich es als Annäherungsziel (positiv) formuliere?

Formulieren Sie Ihre Ziele möglichst *spezifisch*. Ein konkretes und spezifisches Lernziel wäre z.B., ein bestimmtes Lehrbuch durchzuarbeiten und dabei die wichtigsten Inhalte zu bestimmen, nachzuvollziehen und schriftlich festzuhalten. Je konkreter Ihr Ziel formuliert ist, desto klarer wird Ihnen bereits durch die Formulierung, auf welchem Weg Sie Ihr Ziel erreichen.

Die Zielerreichung sollte *terminiert* werden, um „Aufschiebeverhalten" zu erschweren und eine Priorisierung nach Dringlichkeit zu ermöglichen. Außerdem sollte die Erreichung des Ziels *messbar* sein, denn nur dadurch wird eine Kontrolle und eine adäquate Reflexion („Habe ich mein Ziel erreicht?") möglich. Diese verschiedenen Aspekte finden sich im *SMART-Modell* der Zielformulierung (Seiwert, 1984) wieder:

- *S*   pezifisch
- *M*   essbar
- *A*   nspruchsvoll (herausfordernd), attraktiv (erstrebenswert)
- *R*   ealistisch (erreichbar)
- *T*   erminiert

Ihre persönliche Zielsetzung:

- Ist Ihr Ziel SMART formuliert? Wenn nicht, dann formulieren Sie es nach den obigen Kriterien.

Handlungsplanung

Meist legen wir nach der Zielsetzung sofort los. Sie können die Erreichung Ihrer Ziele allerdings leichter und noch wahrscheinlichern machen, wenn Sie die Handlungen, die zur Zielerreichung führen, vorher ganz konkret planen. Für den Handlungsplan können Sie sich beispielsweise eine Tabelle mit fünf Spalten anlegen und für jede Aufgabe eine Zeile reservieren. In die Spalten schreiben Sie, was Sie und wann Sie es machen möchten, wie lange Sie die Dauer einschätzen sowie welche Materialien und/oder Informationen Sie benötigen. Damit haben Sie die notwendigen und bereits absolvierten Schritte zu Ihrem Ziel immer im Blick.

Grundsätzlich ist es sinnvoll, Ihr „großes" Ziel in kleinere Etappenziele zu unterteilen und diese wiederum zu präzisieren. Überlegen Sie hierzu welche *Teilaufgaben* Sie ausführen müssen, um zu Ihrem Ziel zu gelangen. Formulieren Sie die Etappenziele möglichst konkret und kleinschrittig. Beispielsweise für das Ziel „Referat fertigstellen": Literaturrecherche, Definieren von wesentlichen Inhalten, Formulieren von Lernzielen, Erstellen der Gliederung, Anfertigen einer PowerPoint-Präsentation; Üben des Vortrags usw.

Notieren Sie außerdem, wann Sie die einzelnen Teilaufgaben erledigen werden. Hierfür ist es wichtig festzulegen, *bis wann* die Aufgabe spätestens erledigt sein muss und *wie viel Zeit* Sie für diese benötigen. Da der Zeitaufwand in der Regel unterschätzt wird, planen Sie großzügig (siehe auch im Kasten „Ihr persönlicher Handlungsplan").

Jedes der Etappenziele verlangt zur richtigen Zeit die höchste Aufmerksamkeit von Ihnen. Bedenken Sie deshalb auch, dass Ihre Etappenziele nicht zu hoch gesteckt sind. So können Sie Misserfolge vermeiden und verhindern, dass Sie Ihre Ziele oder Ihren Handlungsplan im Nachhinein nach unten korrigieren müssen.

Ihr persönlicher Handlungsplan:

- Wie lautet mein Ziel?
- Wie lauten meine Etappenziele?
- Bis wann möchte ich jedes Etappenziel erledigt haben?
- Wie lange schätze ich die Dauer für die Bearbeitung der einzelnen Etappenziele ein?
- Wann möchte ich die einzelnen Etappenziele bearbeiten?

Wenn Ihnen die Umsetzung des einen oder anderen Etappenziels schwer fällt, überlegen Sie sich vorab eine Belohnung, die Sie sich *nach* der Umsetzung „auszahlen" (z.B. einen Riegel Schokolade essen, gemütlich ein paar Seiten lesen oder sich mit einem Freund treffen). Planen Sie auch für diese Belohnungsaktivitäten entsprechend Zeit ein. Sie können sich auch mit einem kleinen Geldbetrag belohnen, den Sie nach jedem erreichten Etappenziel in eine Spardose werfen. Nach einiger Zeit werden Sie sich davon etwas leisten können, dass Sie sich vielleicht schon länger gewünscht haben. Im verhaltenstherapeutischen Kontext wird diese Methode als „Token-System" bezeichnet und mit großen Erfolgen eingesetzt. Hilfreich ist es auch sich vorzustellen, wie zufrieden, stolz und/oder erleichtert Sie sein werden, wenn Sie das Etappenziel erreicht haben.

Sicherlich kennen Sie auch die kleinen Widrigkeiten und Hindernisse des Alltags. Sie haben sich vorgenommen, die Teilaufgaben Ihres Handlungsplans umzusetzen und plötzlich ruft Ihre

Mutter an und verwickelt Sie in ein längeres Telefongespräch, die richtigen Unterlagen sind nicht vor Ort oder jemand versucht, Sie zu einer schönen Aktivität zu überreden. Es ist hilfreich, solchen *Hindernissen vorzubeugen*, indem Sie im Vorfeld überlegen, welche Hindernisse es geben könnte und wie Sie diese verhindern oder mit ihnen umgehen können. Natürlich sollten Sie sich dabei nicht jegliche Katastrophe ausmalen, sodass Sie sich gar nicht mehr trauen, Ihre Ziele anzugehen. Hier geht es vielmehr um die kleinen Hindernisse des Alltags, die Ihnen immer wieder begegnen, wie beispielsweise Anrufe oder andere Störungen während der Arbeitszeit.

Vermutlich haben Sie meist nicht nur eine Aufgabe auf dem Schreibtisch liegen, sondern müssen an verschiedenen Aufgaben arbeiten. Als wertvolle Planungsstrategie hat sich hierfür die *ALPEN-Methode* (Seiwert, 1984) erwiesen. Der Name ergibt sich aus den Anfangsbuchstaben der fünf Planungsschritte:

- *A*   ufgaben notieren
- *L*   änge schätzen
- *P*   uffer einplanen
- *E*   ntscheidungen treffen
- *N*   achkontrolle

Aufgaben notieren: In diesem ersten Schritt notieren Sie alle Aufgaben, die Sie erledigen müssen. Denken Sie dabei auch an die vermeintlich „kleinen" Aufgaben wie E-Mails schreiben und Telefonate führen. Außerdem wird in dieser Liste alles aufgeführt, was am Vortag vergessen wurde bzw. noch nicht erledigt werden konnte.

Länge schätzen: Als nächstes schätzen Sie die benötigte Zeit für jede Aufgabe. Dieser Schritt ist am Anfang nicht ganz einfach, wird jedoch durch Erfahrung immer leichter. Als sinnvoll hat es sich erwiesen, Termine mit genauen Uhrzeiten festzuhalten und immer gleich bleibende Lern- und Arbeitszeiten festzulegen. Wenn Sie eine ähnliche Aufgabe schon einmal bewältigt haben, nutzen Sie dies als Richtgröße. Da anfangs oft der investierte Zeitaufwand unterschätzt wird, addieren Sie vorsichtshalber 25% hinzu (Wieke, 2004).

Pufferzeiten einplanen: Da Sie nie ganz frei von äußeren Störungen sind, planen Sie für diese Ablenkungen Pufferzeit ein, um Ihre Aufgaben ohne übermäßigen Stress erledigen zu können. Deshalb empfiehlt es sich, nur etwa 60% Ihrer verfügbaren Zeit zu verplanen. Zusätzlich sollten Sie Zeit für spontane soziale Aktivitäten, Pausen und Entspannung einkalkulieren. Diese Pausen sind besonders wichtig, denn so bleiben Sie auch bei längeren Lern- oder Arbeitsphasen fit und können konzentriert arbeiten.

Entscheidungen treffen: Hierbei geht es vor allem um das Priorisieren der Aufgaben. Sie können diese in A-, B- und C-Aufgaben kategorisieren. A-Aufgaben sind dabei die wichtigsten Aufgaben, gefolgt von B-Aufgaben und den wenig wichtigen C-Aufgaben. A-Aufgaben sollten Sie möglichst umgehend erledigen. Zudem können Sie darauf achten, nicht zu viel Zeit für unwichtige C-Aufgaben zu verwenden. A-Aufgaben sollten zu Ihren leistungsfähigsten Zeiten ausgeführt werden. So verhindern Sie, dass unwichtige Aufgaben Ihre produktivste Arbeitzeit stehlen.

Nachkontrolle: Gemäß des Selbstregulationsmodells gehört die Nachkontrolle an sich in die Phase *nach der Handlung*, denn hier geht es um die Reflexion und Optimierung des eigenen Handelns. Um die Alpenmethode jedoch vollständig darzustellen, wird sie bereits an dieser Stelle erwähnt. Sowohl die einzelnen Teilziele und -aufgaben als auch die Handlungsplanung und deren Ausführung werden kontrolliert. Haben Sie die Aufgabe angemessen erledigt oder sollten Sie das nächste Mal anders vorgehen? War Ihre Planung sinnvoll? Was war gut daran? Sollten Sie für diese oder ähnliche Aufgaben das nächste Mal mehr Zeit einplanen? Was können Sie nächstes Mal noch besser machen?

Zu einer effektiven Planung gehört vor allem auch ein sinnvoller Umgang mit der Zeit. Hierfür ist es hilfreich, Ihre persönlichen *Zeitdiebe* zu identifizieren. Haben Sie sich auch schon einmal am Ende eines Arbeitstages gefragt, was Sie die ganze Zeit eigentlich getan haben? So geht es vielen Menschen. Deshalb ist es wichtig sich bewusst zu machen, mit welchen Tätigkeiten Sie den Tag verbringen und wo die wertvolle Zeit eigentlich bleibt. Um einen Überblick über Ihren tatsächlichen Zeitverbrauch zu bekommen, können Sie ein bis zwei Wochen lang ein Zeitprotokoll führen. Wählen Sie dafür zwei Wochen aus, die Ihren Arbeitsalltag gut widerspiegeln. Dokumentieren Sie, welche Aufgaben Sie den Tag über erledigen, wann Sie was machen und wie lange Sie dafür brauchen. Schreiben Sie besonders auch die Dinge auf, die Sie von Ihrer Arbeit ablenken und nicht eingeplant waren. Weiterhin empfiehlt es sich Ihr aktuelles Befinden zu dokumentieren, also wie fit bzw. müde Sie sich fühlen. Dies können Sie z. B. mittels einer Skala von 1 (sehr wenig fit) bis 10 (sehr fit) einschätzen. So können Sie die Tageszeiten herausfinden, zu denen Sie besonders leistungsfähig sind. Nach ein bis zwei Wochen können Sie Ihren Zeitverbrauch für alltägliche Aufgaben angemessen einschätzen und recht gut beurteilen, wie viel Zeit Sie für beabsichtigte Tätigkeiten genutzt haben und wie viel Ihnen „abhanden gekommen" ist.

Seien Sie nachsichtig mit sich, wenn Sie den Eindruck haben, dass Sie einen großen Teil ihrer Zeit „vertrödeln" oder wenig wichtige Tätigkeiten ausführen. Eine Zeitanalyse ist der erste Schritt zu einer effektiveren Zeitplanung. Wenn Sie Ihre Zeitprotokolle analysiert und Ihre persönlichen Zeitdiebe gefunden haben, können Sie überlegen, wie Sie große Zeitdiebe ausschalten könnten. Bedenken Sie dabei aber auch, dass ein vollkommen durchgeplanter Tag auch nicht immer sinnvoll ist. Schließlich soll die Spontaneität nicht vollkommen verloren gehen und noch Platz für Kreativität, Erholung und Spaß bleiben. Vielleicht hängt ja auch Ihr Herz an dem einen oder anderen Zeitdieb – in dem Fall sollten Sie diesem Raum in Ihrer Zeitplanung geben. Vorlagen zu Zeitprotokollen finden Sie z. B. bei Metzger (1996) oder Landmann (2008).

Ressourcen erkennen

Ressourcen spielen bei der Erledigung von Aufgaben und dem Erreichen von Zielen eine wichtige Rolle. Es kann zwischen internen (z.B. Fähigkeiten, Wissen etc.) und externen (z.B. Kollegen, Freunde etc.) Ressourcen unterschieden werden. Für die Zielerreichung ist es wichtig, sich seine Ressourcen bewusst zu machen und sie nutzbringend einzusetzen. Die nächste Übung stellt eine Möglichkeit dar, eigene Ressourcen zu entdecken.

Erkennen Sie Ihre Ressourcen mittels einer Zeitreise:

Stellen Sie sich vor, Sie stehen am *Ende Ihrer Referendariatszeit* bzw. haben die ersten Berufsjahre erfolgreich bewältigt. Schauen Sie zurück und würdigen Sie, was Sie bisher alles geschafft und welche Herausforderungen Sie bewältigt haben. Viele Dinge, die zu Beginn Ihres Referendariats für Sie schwierig waren, gehen Ihnen nun problemlos von der Hand. Sie haben sich inzwischen gut in Ihrem Beruf „eingelebt" und etabliert. Dieser Erfolg ist Ihnen nicht geschenkt worden, sondern Sie haben sich dafür engagiert und Ihre ganz persönlichen Fähigkeiten sinnvoll eingesetzt und weiterentwickelt. Überlegen Sie:

- Welche Fähigkeiten haben dazu beigetragen, dass ich es bis hierher geschafft habe?
- Welche persönlichen Stärken haben mir geholfen, Schwierigkeiten auf dem Weg durch mein Referendariat zu meistern?
- Gibt es vielleicht auch besondere Einstellungen und Lebensweisheiten, die mir geholfen haben, meine bisherigen Herausforderungen erfolgreich zu bewältigen?
- Was würden meine Freunde und meine Familie sagen, wenn jemand sie nach meinen Stärken fragen würde?

- Welche Menschen haben mich in dieser Zeit unterstützt?
- Welche anderen Dinge haben mir geholfen?

Alternativ können Sie sich auch an eine Herausforderung aus Ihrer Vergangenheit erinnern, die Sie erfolgreich bewältigt haben (Schule, Studium, Zusatzausbildungen, …).

Strategien während des Handelns

Während des Handelns liegt das Hauptaugenmerk auf der korrekten Umsetzung der geplanten Handlungen sowie deren Beobachtung und Steuerung. Ein wichtiger Aspekt hierbei ist die Aufrechterhaltung von Motivation und der Umgang mit inneren und äußeren Störquellen.

Motivation

Einer der wichtigsten Aspekte bei der Umsetzung Ihrer Pläne ist Ihre Motivation. Sie ist bereits im Vorfeld, vor der eigentlichen Handlung, von besonderer Bedeutung und könnte deswegen auch unter der Überschrift „vor dem Handeln" thematisiert werden. Während des Handelns ist es jedoch wichtig, die Motivation aufrechtzuerhalten. Die Frage ist also, wie Sie es schaffen können, langfristig Energie in eine Aufgabe zu investieren und sich immer wieder für diese zu engagieren.

Versuchen Sie Ihre Motivation für eine bestimmte Aufgabe zu steigern, indem Sie sich positiv darauf einstellen und Ihr Interesse dafür wecken. Was an dem Thema/der Aufgabe könnte interessant und spannend sein? Inwiefern wissen Sie schon etwas darüber? Wo finden Sie logische Unstimmigkeiten, die Sie reizen oder überraschende Erkenntnisse? Inwiefern können Sie die Inhalte im privaten oder beruflichen Alltag nutzen?

Außerdem können Sie folgende Techniken vor und während der Handlung immer wieder nutzen (Metzger 1996):

Steigern Sie Ihre Motivation:

- *Erfolg vorwegnehmen*

Halten Sie sich ein früheres Erfolgserlebnis vor Augen und stellen Sie es sich lebhaft vor. Malen Sie sich dann aus, wie Sie sich fühlen werden, wenn Sie die anstehende Aufgabe erfolgreich bewältigt haben. Was denke ich dann? Was fühle ich? Was unternehme ich? Konzentrieren Sie sich hierbei auf das positive, erfreuliche Gefühl.

- *Interesse wecken*

Wählen Sie eine aktuelle Aufgabe aus und überlegen Sie sich drei positive Argumente, warum die Erledigung dieser Aufgabe für Sie interessant ist.

- *Positive Gegenüberstellung*

Wählen Sie eine aktuelle, unangenehme Aufgabe aus und schreiben Sie Ihre Gründe, warum Ihnen die Aufgabe unangenehm ist, auf ein Blatt Papier. Suchen Sie dann für diese negativen Punkte jeweils positive Aspekte als Gegengewichte.

- *Sich positiv stimmen*

Erinnern Sie sich an Ihre eigenen Stärken, Interessen und persönlichen Erfolge. Seien Sie stolz auf das, was Sie können und was Sie schon geschafft haben. Dabei dürfen Sie sich auch in einem (stummen) Selbstgespräch beglückwünschen.

Innere und äußere Störquellen ausschalten

Die gegebenen Arbeitsbedingungen haben einen immensen Einfluss auf unser Arbeitsverhalten und unsere Arbeitsergebnisse. Deshalb ist es wichtig, auf einen möglichst ausgeglichenen *körperlichen und psychischen Zustand* sowie eine *adäquate Arbeitsumgebung* zu achten, also innere und äußere Störquellen auszuschalten.

Ein wichtiger Faktor für ergiebiges Arbeiten ist eine effiziente *Gestaltung des Arbeitsplatzes*. Welche Merkmale sollte Ihre Lernumgebung aufweisen und warum sind Strategien in diesem Kontext hilfreich? Bei einem lernförderlich eingerichteten Arbeitsplatz können Sie schneller mit einer Arbeit beginnen und fühlen sich beim Lernen wohler.

Hier stellt sich schon die erste Frage: An welchem Ort kann und möchte ich lernen bzw. arbeiten: zu Hause, an der Uni/in der Schule, in der Bibliothek? Wählen Sie sich eine Arbeitsumgebung, die mit der Tätigkeit des Arbeitens verknüpft ist. Z. B. wird bei einem Schreibtisch in der Regel an Arbeit gedacht, während das Sofa eher mit gemütlichen Dingen assoziiert wird. Suchen Sie sich Ihre persönliche, optimale Arbeitsumgebung. Während die Bibliothek für einige Menschen ein inspirierender und motivierender Ort ist, da er mit Büchern und lernenden Menschen gefüllt ist, bietet sie für andere Menschen zu viel Ablenkung. Letztere sollten sich einen Arbeitsplatz suchen, an dem sie möglichst wenig gestört werden.

Halten Sie Ihren Arbeitsplatz möglichst störungsfrei und entfernen Sie mögliche *Ablenker* aus Ihrem Umfeld. Wenn Sie über einen längeren Zeitraum konzentriert arbeiten möchten, schalten Sie die automatische Benachrichtigung Ihres Mailprogramms aus und stellen Sie den Anrufbeantworter an. So wird es Ihnen leichter fallen, die Arbeit zu beginnen und Ihre Konzentration aufrechtzuerhalten. Anderen Personen sollten Sie ein klares Zeichen geben, dass Sie arbeiten und nicht gestört werden wollen. Wenn Sie durch Umweltgeräusche abgelenkt werden, helfen Ohrstöpsel. Zusätzlich sollte Ihr Arbeitsplatz möglichst funktional und alle Arbeitsmaterialen sollten griffbereit sein. Gleichzeitig ist ein für Sie angenehmer und einladender Arbeitsplatz hilfreich.

Sie können mit der folgenden Checkliste überprüfen, wie lernförderlich Ihr Arbeitsplatz eingerichtet ist und was Sie gegebenenfalls ändern könnten (siehe Metzger, 1996).

Ihr lernförderlicher Arbeitsplatz:

- Ist mein Arbeitsplatz für meine derzeitige Aufgabe geeignet?
- Habe ich genügend Licht zum Arbeiten (Tageslicht oder elektrisches Licht)?
- Ist mein Arbeitsplatz aufgeräumt und sauber?
- Habe ich Unwesentliches außer Sichtweite geräumt?
- Ist ausreichend freie Arbeitsfläche für meine aktuellen Arbeitsmaterialien vorhanden?
- Sind alle für die Aufgabe benötigten Unterlagen und Materialien in Reichweite und einfach zu finden?

Optimieren Sie Ihren Arbeitsplatz in Bezug auf die Fragen, die Sie verneinen mussten.

Auch ein perfekt eingerichteter Arbeitsplatz schützt nicht vollkommen vor inneren Störungen wie hinderlichen Gedanken oder Gefühlen. Strategien hierzu finden Sie im Kapitel „Umgang mit Bewertungsängsten und hinderlichen Gefühlen" und bei Landmann (2008).

Ein weiterer wichtiger Faktor ist Ihre körperliche und geistige Verfassung. Wenn Sie merken, dass Sie erschöpft, müde, nervös oder auch hungrig oder durstig sind, hören Sie auf die Bedürfnisse Ihres Körpers. Machen Sie eine Pause, beruhigen Sie sich, essen oder trinken Sie etwas. Planen Sie zur Auffrischung Ihres körperlichen und geistigen Zustandes Ihre *Erholungszeiten* bereits ein, bevor Sie mit dem Arbeiten beginnen.

Pausentypen nach Rückriem, Stary und Franck (1997):

Unterbrechungen
Unterbrechungen können Sie bei Bedarf und je nach persönlichem Bedürfnis einlegen. Sie dauern nur ein bis zwei Minuten und sollten am Arbeitsplatz selbst durchgeführt werden. Hierbei können Sie z.B. einige Male tief Luft holen, aus dem Fenster schauen oder sich zurücklehnen.

Minipause
Minipausen können im Abstand von 30 Minuten eingelegt werden und sollten eine Dauer von fünf Minuten nicht überschreiten. Stehen Sie auf, machen Sie ein paar Streckübungen, holen sich ein Glas Wasser oder erledigen kleinere Dinge im Haushalt.

Kaffeepause
Kaffeepausen dauern zwischen 15 und 20 Minuten und sollten im Abstand von zwei Stunden durchgeführt werden. Eine kleine Unterhaltung oder eine Tasse Kaffee oder Tee an einem angenehmen Ort bieten sich als Pausentätigkeiten an.

Erholungspausen
Erholungspausen sollten nach einem gesamten Lern- oder Arbeitsblock erfolgen, welcher in der Regel vier Stunden umfasst. Erholungspausen sollten nicht länger als ein bis zwei Stunden dauern und können für Sozialkontakte, Essen, Schlafen, Musik hören oder ähnliches genutzt werden.

Arbeits- und Lernverhalten beobachten

Das eigene Arbeits- und Lernverhalten zu beobachten bedeutet, sich selbst während der Handlung zu überwachen. Alle Aktivitäten werden von Ihnen aufmerksam beobachtet und registriert.

Diese Strategie sollten Sie während jeder Handlungsphase anwenden. Zielsetzung ist es zu überprüfen, ob Sie noch auf dem richtigen Weg zu Ihrem Ziel sind, ob Ihre Strategie angemessen ist und funktioniert sowie ob Sie in der geplanten Zeit liegen. Hier findet also bereits ein Abgleich der Planung, die in der Phase vor dem Handeln erfolgte, mit der tatsächlichen Umsetzung statt. Auf diese Weise ist es Ihnen möglich, frühzeitig Abweichungen von Ihrem Plan festzustellen und gegebenenfalls gegenzusteuern.

Wie diese Selbstbeobachtung in der Praxis aussehen kann, wird Ihnen am Beispiel der Handlung „Lehrbuch lesen" aufgezeigt: Hier könnten Sie beständig überprüfen, ob Sie das, was Sie lesen, auch tatsächlich verstanden und erfasst haben, indem Sie sich am Ende jedes Kapitels Fragen zu dem bearbeiteten Thema stellen oder in eigenen Worten die wichtigsten Inhalte wiederholen. Wenn Sie hierbei merken, dass Sie ein schwieriges Teilgebiet des Stoffes noch nicht verstanden haben, können Sie dieses noch einmal langsamer durcharbeiten oder eine andere Strategie einsetzten (z.B. ein Mind-Map anfertigen, die Inhalte in der Lerngruppe diskutieren; siehe auch Kapitel „Lernstrategien"). Da Sie für diese zusätzlichen Schritte vermutlich mehr Zeit brauchen werden als geplant, ist es außerdem notwendig, dass Sie Ihren Zeitplan anpassen. Auf diese Weise gelingt es Ihnen, stets ein realistisches Bild von Ihrem tatsächlichen Arbeitsstand zu haben und Ihr Ziel tatsächlich zu erreichen.

Strategien nach dem Handeln

In der letzten Phase eines selbstregulierten Handlungszyklus, nach dem Handeln, geht es um die Bewertung und Reflexion der geleisteten Arbeit. Die meisten Menschen vernachlässigen diese Reflexion und denken nach Abschluss einer Tätigkeit schon an die nächsten Aufgaben, obwohl diese ein zentraler Bestandteil erfolgreichen Handelns ist. Das zielgerichtete Nachdenken über unser Handeln ermöglicht es erst, die eigenen Erfolge zu genießen, Kraft daraus zu schöpfen oder aus den eigenen Fehlern zu lernen.

Handeln reflektieren

Der erste Schritt besteht darin, den erreichten Stand mit dem angestrebten Lernziel zu vergleichen. Haben Sie das Ziel erreicht? Ist das Ziel, das Sie sich gesteckt hatten, tatsächlich das, was Sie erreichen wollten? Als zweites reflektieren Sie den Weg zum Ziel. Haben Sie die geplanten Strategien eingesetzt? Waren diese Strategien zielführend? War Ihre Zeitplanung realistisch? Hatten Sie genügend Puffer eingeplant bzw. Störquellen effizient ausgeschaltet? Diese Informationen sind sehr hilfreich für die Planung der nächsten Handlungseinheit. Wenn Ihnen bewusst ist, welches Vorgehen erfolgreich war und welches nicht, können Sie die nächste Lerneinheit effektiver gestalten.

Strategien nach dem Handeln:

- Habe ich in der Vergangenheit meinen Handlungsprozess reflektiert?
- Habe ich Konsequenzen für zukünftige Handlungen und Arbeitsphasen daraus gezogen?
- Wie könnte ich dies in Zukunft umsetzen?

Die eigenen Erfolge nutzen

Nehmen Sie sich Zeit, sich über Ihre Erfolge zu freuen und honorieren Sie auch kleine Erfolge wie z. B. das Erreichen eines Etappenziels. Würdigen und verdeutlichen Sie dies dadurch, dass Sie einen großen Haken in Ihrem Handlungsplan vermerken oder das Etappenziel durchstreichen. Auf diese Weise motivieren Sie sich selbst, auch die weiteren Etappenziele anzugehen.

Machen Sie sich nach erfolgreich bewältigten Aufgaben außerdem klar, welche Fähigkeiten und Strategien zu Ihrem Erfolg beigetragen haben. Aus falscher Bescheidenheit werden oft Erklärungen wie Glück, Zufall oder die Annahme, dass die Aufgaben leicht waren, herangezogen. Besser ist es, wenn Sie Ihre erzielten Erfolge auf Ihre persönliche Leistung zurückführen. Sehen Sie den Grund Ihres Erfolges also in den eigenen Fähigkeiten und der investierten Anstrengung. Durch das Wahrnehmen und Anerkennen Ihrer Erfolge gehen Sie motivierter und selbstbewusster an neue Aufgaben heran und erkennen vor allem, welche Kompetenzen, Fähigkeiten, Lern- und Arbeitsstrategien zu Erfolgen führen. Nutzen und genießen Sie jeden persönlichen Erfolg!

Nutzen Sie Ihre Erfolge:

- Welches Problem oder welche Aufgabe habe ich in der letzten Zeit erfolgreich bewältigt?
- Wie habe ich mich nach der erfolgreichen Bewältigung der Aufgabe gefühlt?
- Welche Fähigkeiten und Strategien habe ich eingesetzt?
- Was würden andere sagen, was ich getan habe, um das Problem/die Aufgabe zu lösen? Was würden andere sagen, welche meiner Fähigkeiten dafür wichtig waren?
- Auf welche meiner derzeitigen Probleme kann ich diese Strategien/Fähigkeiten noch anwenden?

Aus Misserfolgen lernen

Viele Menschen neigen dazu, ihre eigenen Misserfolge schnell vergessen zu wollen oder sich ewig Selbstvorwürfe zu machen. Beide Strategien sind wenig hilfreich, da sie verhindern, dass wir aus unseren Fehlern lernen und unser Verhalten optimieren.

Bei Misserfolgen ist es hilfreich nach Ursachen zu forschen, die durch das eigene Handeln *veränderbar* sind. Hierzu zählen beispielsweise die eigene Anstrengung, die investierte Lernzeit, die eingesetzten Handlungs- und Lernstrategien, das gesetzte Ziel oder die Gestaltung der Lernumgebung. Nach externen Ursachen zu suchen und die Schuld bei anderen oder den äußeren Umständen zu suchen ist zwar entlastend, hilft aber nicht weiter, wenn Sie es beim nächsten Mal besser machen möchten. Deshalb spüren Sie immer auch die Ursachen auf, die Sie selbst eigenständig verändern können.

Die folgende Übung veranschaulicht, wie Sie von Ihren Misserfolgen profitieren können. Wenn Sie Ihre „Misserfolgsanalyse" durchgeführt haben, können Sie den Misserfolg hinter sich lassen, um sich auf Ihre neuen Aufgaben zu konzentrieren.

Aus Misserfolgen lernen:

- Gab es in letzter Zeit etwas, das ich nicht zu meiner Zufriedenheit gelöst habe?
- Um was handelte es sich?
- Welche Gründe gab es für den Misserfolg (falsche Strategie, Pech, mangelnde Anstrengung etc.)?
- Welche Dinge sind trotz des Misserfolgs gut gelaufen?
- Was könnte ich beim nächsten Mal tun, um den Misserfolg zu verhindern/abzumildern?
- Was habe ich aus dieser Erfahrung gelernt?
- Wie gravierend werde ich den Misserfolg in einer Woche, einem Monat, einem Jahr beurteilen?

Förderung der Selbstregulation von Schülern

Wie im ersten Teil des Kapitels bereits erwähnt, ist es möglich, selbstregulative Strategien auch auf das Lernen anzuwenden. Entsprechend unterteilt sich das Selbstregulationsmodell in die Phasen „Vor dem Lernen", „Während des Lernens" und „Nach dem Lernen". In diesem Abschnitt wird verdeutlicht, wie Sie das Selbstregulierte Lernen Ihrer (zukünftigen) Schüler in Ihrem Unterricht fördern können.

Auch beim Selbstregulierten Lernen gilt: Wer seine eigenen (Lern-)Handlungen beobachtet und registriert, befindet sich auf dem besten Weg zum Erfolg. Internationalen Studien wie TIMSS (Third International Mathematics and Science Study, Baumert et al., 1997) oder PISA (Programme for International Student Assessment, z.B. Baumert et al., 2001) machten deutlich, dass die Leistungsdefizite deutscher Schüler auch mit der mangelnden Fähigkeit, selbstreguliert zu lernen, zusammenhängen.

Selbstreguliertes Lernen im Überblick:

Vor dem Lernen
- Motivation, Energieeinsatz und Emotionen überprüfen;
- Aufgabe und Situation einschätzen;
- Selbstmotivationsstrategien anwenden;
- Ziele formulieren;
- Handlung planen.

Während des Lernens
- Lernstrategien einsetzen und überwachen (kognitiv, metakognitiv, ressourcenorientiert).

Nach dem Lernen
- Lernergebnisse mit den gesetzten Zielen abgleichen;
- Konsequenzen für folgende Handlungen ziehen (Modifikation der Lernstrategien und/oder der Ziele).

Strategien vor dem Lernen

Um Selbstreguliertes Lernen Ihrer Schüler im Unterricht zu fördern, ist es notwendig, ihnen Möglichkeiten zur „Regulation" einzuräumen. Dies ist in der Schule nicht immer einfach, da die Schüler zum größten Teil durch konkrete, vorgegebene Aufgaben gesteuert werden. Um die Selbstregulationskompetenzen Ihrer Schüler zu fördern, ist es deshalb wichtig, ihnen die *Zielsetzung und Planung* des eigenen Lernverhaltens und die Einschätzung der eigenen Lernleistung zu ermöglichen. Geben Sie, soweit es der Lehrplan ermöglicht, Ihren Schülern mehr Freiheiten bei der Zielsetzung und Handlungsplanung. Dies könnte beispielsweise geschehen, indem Sie den Schülern eine Auswahl an vergleichbaren Aufgabenstellungen geben. Auch Wochenpläne, bei denen die Schüler selbst entscheiden können, wann sie welche Aufgabe bearbeiten, fördern die Eigenverantwortlichkeit und die Fähigkeit zur Selbstregulation.

Zeitmanagement und Planung Ihrer Schüler trainieren Sie, indem Sie sie z. B. auffordern einen Lernplan für die nächste Klassenarbeit zu erstellen. Anfangs können Sie diesen auch gemeinsam mit den Schülern erstellen. Dieser sollte dann von jedem Schüler individuell an die eigene Situation (z. B. Freizeitaktivitäten) und das eigene Lerntempo angepasst werden. Weiterhin können Sie Ihren Schülern konkrete Zeitmanagementstrategien vermitteln und konkrete Übungen dazu mit Ihnen durchführen. Z. B. könnten Sie sie ihre persönlichen Zeitdiebe (und Gegenmaßnahmen) herausfinden lassen.

Parallel dazu sollten Sie, auf eine dem Alter angemessene Art und Weise, Ihren Schülern vermitteln, warum es wichtig ist, sich Ziele zu setzen, und welchen Kriterien diese Ziele gerecht werden sollten. Die Wichtigkeit von Zielen lassen sich gut am Beispiel des Kofferpackens verdeutlichen: Wenn jemand nicht weiß, wohin er in den Urlaub fahren will, weiß er auch nicht, wie er seinen Koffer am effizientesten packen soll. Hierbei können auch die Bedeutung eines planvollen Vorgehens und

Strategien zur Handlungsplanung altersgemäß vermittelt werden.

In einem Training zur Förderung Selbstregulierten Lernens wurde beispielsweise durch das „Ringwurfspiel" spielerisch geübt, realistische Ziele zu setzen (Perels, 2007). Hierbei wurden die Schüler aufgefordert einzuschätzen, wie viele von acht Ringen sie glauben, über eine drei Meter entfernte Stange werfen zu können. Nach jeder Runde wurde das tatsächliche mit dem erwarteten Ergebnis verglichen und es konnten neue Ziele formuliert werden. Weiterhin wurde ein altersgerechter Leittext zur Zielformulierung ausgegeben, der die Kriterien zur motivationsförderlichen Zielsetzung (spezifisch, messbar, attraktiv/herausfordernd, realistisch/erreichbar, terminiert und positiv) erläutert. Einen Überblick über Trainingsprogramme zur Förderung von Selbstreguliertem Lernen für unterschiedliche Zielgruppen finden Sie bei Landmann und Schmitz (2007).

Regen Sie im Unterricht die Schüler z.B. dazu an, nur diejenigen Materialien auf ihren Tischen zu haben, die sie gerade benötigen oder gestalten Sie den Klassenraum um. So thematisieren Sie mit den Schülern den Aspekt der *Gestaltung der Lernumgebung.*

Förderung von Selbstregulation vor dem Lernen

- Habe ich die Strategien zur Zielsetzung in meinen Unterricht integriert?
- Falls ja, mit welchen Methoden habe ich sie vermittelt?
- Falls nein, wie könnte ich dies zukünftig tun?
- Habe ich die Strategien zur Handlungsplanung eingebracht?
- Welche Methoden habe ich dabei genutzt/könnte ich zukünftig nutzen?
- Habe ich den Schülern Spielraum zum Setzen eigener Ziele gegeben?
- Welche Methoden habe ich dabei genutzt/könnte ich zukünftig nutzen?

- Habe ich den Schülern Freiraum zur Planung ihrer Arbeit gegeben?
- Welche Methoden habe ich dabei genutzt/könnte ich zukünftig nutzen?
- Habe ich die persönliche Relevanz von Zielsetzung und Planung hervorgehoben?
- Wie habe ich das gemacht/könnte ich es machen?

Strategien während des Lernens

Strategien zur Förderung von Selbstregulationskompetenzen während des Lernens setzen vor allem bei der Vermittlung von *Lernstrategien* an, die im zweiten Kapitel „Lernstrategien" genauer beschrieben werden. Darüber hinaus spielt die Aufrechterhaltung der Konzentration, der Motivation und der Selbstbeobachtung der Schüler eine zentrale Rolle.

Die *Selbstbeobachtung* kann durch kleine konkrete Beobachtungsaufgaben angeregt werden. Beispielsweise sollen die Schüler beim Lesen eines Textes Abschnitt für Abschnitt „Warum-Fragen" formulieren und dadurch überprüfen, ob der Einsatz ihrer Lesestrategie zum Erfolg geführt hat oder ob ein Abschnitt mit einer anderen Lesestrategie noch einmal bearbeitet werden sollte (Souvignier, Streblow, Holodynski & Schiefele, 2007). Weiterhin können Sie die Schüler ihr eigenes Verständnis überprüfen lassen, indem diese sich die Lerninhalte gegenseitig erklären. Bei dem Versuch etwas zu erklären, können die Schüler am besten erkennen, an welchen Stellen sie noch Wissens- oder Verständnislücken haben.

Zur *Aufrechterhaltung der Konzentration* können verschiedene Strategien vermittelt und geübt werden. Bei allen geht es darum, trotz äußerer oder innerer Störungen die Konzentration während des Lernens aufrechtzuerhalten. Innere Störungen stellen dabei abschweifende Gedanken und Gefühle wie z. B. Tagträume oder Selbstzweifel dar.

Grundsätzlich sollten Störquellen vermieden, ausgeschaltet oder reduziert werden. In diesem Kontext ist es nach Metzger (1996) sinnvoll, eine Konzentrationsanalyse durchzuführen. So können Sie den Grund der Konzentrationsschwierigkeiten Ihrer Schüler herausfinden und entsprechende Gegenmaßnahmen einleiten.

Konzentrationsanalyse:

- Können sich meine Schüler insgesamt gut konzentrieren?
- Welche *äußeren* Störungen hindern sie häufig, sich auf eine Aufgabe zu konzentrieren?
- Wie könnte ich diese äußeren Störungen künftig ausschalten oder vermeiden? Welche Maßnahmen kann ich dafür treffen?
- Welche *inneren* Störungen hindern sie häufig, sich auf eine Aufgabe zu konzentrieren?
- Wie kann ich ihnen Strategien vermitteln, diese inneren Störungen künftig auszuschalten oder zu vermeiden? Welche Maßnahmen kann ich dafür treffen?
- Welche Rahmenbedingungen (Raum, Umgebung, Tageszeit etc.) benötigen meine Schüler, um sich vollständig konzentrieren zu können?

Um störende Gedanken zu bewältigen, bieten sich die Methoden des Gedankenstopps und der positiven Umformulierung (siehe Kapitel „Umgang mit Bewertungsängsten und anderen hinderlichen Gefühlen") an.

Des Weiteren können sich die Schüler durch Konzentrations- und Entspannungsübungen besser konzentrieren. Mit den Übungen können Sie auch dauerhaft die Konzentration Ihrer Schüler trainieren. Sie können zwischen längeren und recht kurzen Konzentrationsübungen wählen.

Anleitung Konzentrationsübungen:

Kurze Konzentrationsübung
Schließe für eine kurze Zeit die Augen, atme ganz ruhig und tief durch, zähle innerlich bis zehn, und öffne die Augen dann wieder (Metzger, 1996).

Progressive Muskelrelaxation
Nimm eine bequeme Stellung ein und schließe die Augen. Mache mit der rechten Hand eine Faust und spanne den Vorderarm an. Halte diese Position einige Sekunden und fühle die Spannung in Hand und Arm. Löse die Spannung nun und öffne die Faust. Spüre die Entspannung in deiner Hand und deinem Arm. Mache dasselbe mit der linken Hand. Dasselbe (also anspannen, anhalten und entspannen) kannst du nun der Reihe nach mit weiteren Muskelpartien machen – mit den Schultern, dem Gesicht (Grimassen), den Beinen und den Zehen. Genieße für einen Moment das Gefühl einer allgemeinen Entspannung und öffne dann die Augen (Metzger, 1996).

Anleitung Konzentrationsspiele:

Papierscrabble
Jeder Spieler bekommt einen Stift, einen Zettel und vom Spielleiter 15 Buchstaben vorgegeben. Die Spieler haben eine Minute Zeit, so viele Buchstaben wie möglich in einem Wort unterzubringen. Wer die meisten Buchstaben in einem Wort platzieren konnte, hat gewonnen.

Der 7. Sinn
Jeder Spieler nimmt sich einen Gegenstand seiner Wahl. Die Mitspieler machen einen gemeinsamen Startpunkt aus, von dem die Mitspieler mit geschlossenen Augen vorsichtig auf eine Wand zugehen. Kurz vor dieser Wand soll der

mitgebrachte Gegenstand platziert werden. Wer dabei die Wand berührt, scheidet aus. Gewonnen hat der Spieler, der den Gegenstand mit dem geringsten Abstand zur Wand platziert hat.

Eine altersgemäße Vermittlung von *Motivationsstrategien* ist ebenfalls wichtig. So können Sie die Schüler z. B. auffordern, sich ein Zielbild auszudenken und sich vorzustellen, wie schön es ist, wenn sie ihr Ziel erreicht haben. Alternativ können Sie die Schüler einladen, sich zu überlegen, mit was sie sich gerne belohnen würden, wenn sie ihr Arbeitspensum bewältigt haben. Motivationsfördernd wirkt auch das gemeinsame Lernen mit Anderen. Dies kann gefördert werden, indem Sie weniger lehrergeleiteten Unterricht durchführen und stattdessen Phasen integrieren, in denen schülerzentriertes Arbeiten mittels Gruppenarbeit und Partnerarbeit möglich wird. Zusätzlich können Sie mithilfe von unterschiedlichen Medien den Unterricht abwechslungsreich und interessant gestalten.

Ein weiterer wichtiger Faktor die Motivation zu steigern sind Sie selbst. Sie dienen den Schülern als Modell. Wenn Sie sich für ein Thema begeistern können und dies offensichtlich ist, dann werden auch Ihre Schüler mehr Interesse für das Thema aufbringen. Außerdem sollten Sie bei der Einführung neuer Themen deren Relevanz auch und gerade für den Alltag der Schüler deutlich hervorheben. Alternativ können Sie mit Ihren Schülern eventuelle Vorbehalte gegen ein Thema besprechen und Argumente, die für das Thema sprechen, sammeln.

Für diese Phase des Selbstregulierten Lernens ist es auch wichtig, dass Sie Raum für Erarbeitungs-, Übungs-, und Anwendungsphasen schaffen, in denen die Schüler für die Auswahl, Anwendung und Bewertung des Strategieeinsatzes selbst die Verantwortung tragen (Souvignier et al., 2007).

Förderung von Selbstregulation während des Lernens:

- Habe ich die Schüler zur Selbstbeobachtung angeregt?
- Falls ja, welche Methoden habe ich dabei genutzt?
- Falls nein, wie könnte ich dies zukünftig tun?
- Habe ich den Schülern Konzentrationsübungen an die Hand gegeben bzw. diese mit ihnen geübt?
- Welche Methoden habe ich dabei genutzt/könnte ich zukünftig nutzen?
- Habe ich den Schülern Motivationsstrategien vermittelt?
- Welche Methoden habe ich dabei genutzt/könnte ich zukünftig nutzen?

Strategien nach dem Lernen

Damit Ihre Schüler Erfolgserlebnisse wie z. B. gute Klassenarbeiten oder Notenverbesserungen bewusst wahrnehmen, betonen und loben Sie ihre guten Leistungen angemessen und ausreichend. Heben Sie dabei den individuellen Beitrag des Schülers am Lernerfolg hervor. Die Schüler werden sich für kommende Klassenarbeiten anstrengen, wenn Sie ihnen zeigen, wo ihre Stärken liegen. Regen Sie sie an, selbst über eigene Stärken und Fähigkeiten zu reflektieren. So können sie sich künftig gezielt Situationen suchen, in denen sie Erfolgserlebnisse erleben können.

Finden Sie im Falle von Misserfolgen mit diesen Schülern die veränderbaren Ursachen heraus und achten Sie darauf, dass sie ihr Lernverhalten entsprechend ändern. Wenn bei Schülern Misserfolge oder Lernschwierigkeiten auftreten, regen Sie zur Reflektion an: „Warum ist meine Leistung diesmal schlechter?", „Was kann ich das nächste Mal beim Lernen besser machen?" Dadurch können Ihre Schüler herausfinden, an welchen individuellen Hindernissen sie ansetzen können, um ihr Lernverhalten zu verbessern.

Förderung von Selbstregulation nach dem Lernen:

- Habe ich den Schülern Gelegenheit und Unterstützung zur eigenen Reflektion ihres Lernprozesses gegeben?
- Habe ich ihnen konstruktives Feedback gegeben?
- Habe ich den Schülern die Verantwortung für und die Beeinflussbarkeit die/der eigene(n) Leistung bewusst gemacht?

Lernstrategien[3]

Fallbeispiel „Prüfungsvorbereitung"

Es ist Mittwoch. Linus sitzt genau wie gestern wieder in der Bibliothek und überlegt: „Mal schauen, wie lange ich heute durchhalte und wie weit ich komme. Die Prüfung ist schon in zwei Wochen und hinzukommt, dass ich nächstes Wochenende auf einem Geburtstag in Berlin eingeladen bin. Wie kann ich in dieser kurzen Zeit möglichst viel lernen? Am besten ich fange einfach mal an, das Buch hier zu lesen." Trotz seiner Vorsätze kann sich Linus nicht besonders gut konzentrieren. Beim Umherschweifen im Raum bleibt er mit seinen Augen ständig an einer Studentin, die in ihr Buch vertieft ist und den Eindruck erweckt, als würde sie die Außenwelt gar nicht wahrnehmen, hängen. Sie hat noch nicht einmal hoch geschaut. Wieder zurück zum Text. Linus liest sich die Liste der „Lösungen von Lernzielkonflikten" mehrmals nacheinander durch und versucht, sie auswendig aufzusagen. Dieses Auswendiglernen und Wiederholen ermüdet ihn und irgendwie vergisst er auch alles sehr schnell. Das Themengebiet ist sehr komplex und er schafft es nicht, es wirklich zu überblicken. Linus fragt sich, was er beim Lernen noch anders machen kann, sodass er effektiver lernen und sich besser konzentrieren kann.

Viele Studierende haben ähnliche Probleme mit dem Lernen wie Linus. Haben Sie sich auch schon einmal gefragt: Wie kann ich effektiver lernen? Wie eigne ich mir Wissen am besten an? Wie schaffe ich es, das Gelernte auch zu behalten? Zur Beantwortung

---

3 Dieses Kapitel entstand unter Mitarbeit von cand. Psych. Janna Hupp.

dieser Fragen werden in diesem Kapitel Lernstrategien vorgestellt, mit deren Hilfe sich Schwierigkeiten beim Lernen reduzieren lassen. Die Strategien können Sie zum einen für Ihren eigenen Lern- und Berufsalltag nutzen und zum anderen Ihren Schülern vermitteln.

Bevor Sie zum nächsten Abschnitt übergehen, überlegen Sie erst einmal für sich selbst, was Sie an Ihrem Lernverhalten ändern möchten. Womit sind Sie derzeit noch unzufrieden? Wenn Ihnen klarer ist, für welchen Bereich Ihres Lernverhaltens Sie Strategien benötigen, können Sie in diesem Kapitel gezielter nach Tipps und Übungen suchen.

Meine persönliche Fragestellung an dieses Kapitel:

- Welchen Aspekt meines persönlichen Lern- oder Arbeitsverhaltens möchte ich gerne verändern und optimieren?
- Womit habe ich Probleme beim Lernen?

Anwendung konkreter Lernstrategien

Lernstrategien können nach Wild und Schiefele (1994) in *kognitive, metakognitive* und *ressourcenbezogene Lernstrategien* unterteilt werden. *Kognitive Lernstrategien* dienen der unmittelbaren Informationsaufnahme und -verarbeitung. Hierunter werden die Strategien Organisieren, Zusammenhänge Herstellen bzw. Elaborieren, kritisches Prüfen und Einprägen durch Wiederholen gefasst. *Metakognitive Lernstrategien* beziehen sich auf eine abstraktere Ebene und meinen die bereits im letzten Kapitel aufgeführten Techniken wie Planung, Selbstüberwachung und Regulation des eigenen Lernprozesses und -verhaltens. *Ressourcenbezogene Strategien* beziehen sich auf die Beeinflussung

innerer (Anstrengung, Aufmerksamkeit, Zeitmanagement) und
äußerer Ressourcen (Lernumgebung, Arbeiten mit Studienkolle-
gen, Nutzung von Informationsmaterial). Einige Ressourcen
wurden ebenfalls im vorherigen Kapitel bereits thematisiert.

In den folgenden Abschnitten werden Ihnen ausgewählte
Lernstrategien vorgestellt. Wie im vorhergehenden Kapitel sind
zur besseren Übersichtlichkeit die Lernstrategien nach den drei
Phasen des Selbstregulationsansatzes (vor, während, nach dem
Lernen) gegliedert. Der folgende Kasten gibt einen Überblick
über verschiedene Lernstrategien.

Lernstrategien in den drei Phasen der Selbstregulation:

Vor dem Lernen
1. Ziele setzen
2. Motivation steigern
3. Lernumgebung gestalten
4. Zeitmanagement und Planung

Während des Lernens
5. Organisationsstrategien: Mind-Map
6. Elaborationsstrategien: Kritisches Prüfen
7. Memorierungsstrategien: Locitechnik
8. Kooperatives Lernen in Gruppen

Nach dem Lernen
9. Lernverhalten reflektieren
10. Erfolge nutzen
11. Aus Misserfolgen lernen

Strategien, die den Phasen *vor dem Lernen* und *nach dem Lernen*
zugeordnet sind, wurden bereits im ersten Kapitel des Buches
vorgestellt. Diese Strategien sind sowohl für das Lernen als auch
für alle andere Handlungen, z. B. die Bearbeitung von Arbeits-

aufgaben, von Bedeutung. Sie kommen vor und nach der eigentlichen Lern- oder Handlungsphase zum Einsatz. Auf diese Strategien wird deshalb in diesem Kapitel nicht noch einmal eingegangen. In diesem Kapitel werden nur solche Strategien dargestellt, die *spezifisch für das Lernen* relevant sind. Diese Strategien sind alle für die Phase *während des Lernens* von Bedeutung.

Besonders die kognitiven Lernstrategien sind in dieser Phase gefragt, da es hier um die Aufnahme und Verarbeitung von Lerninhalten geht. Aber auch metakognitive und ressourcenorientierte Strategien kommen während des Lernens zum Einsatz. Übrigens ist die Nutzung mehrerer verschiedener Lernstrategien in einer konkreten Lernphase durchaus sinnvoll, da die Strategien sich in der Regel nicht ausschließen, sondern sich im Gegenteil oft ergänzen.

Mind-Map als Beispiel einer Organisationsstrategie

Mit Organisationsstrategien sind Lernaktivitäten gemeint, die Lerninhalte in eine Form bringen, in der Sie diese leichter verstehen und verarbeiten können. Hierzu gehören die Identifikation wichtiger Fakten und Argumentationslinien, das Kennzeichen von Textstellen, das Erstellen von Listen mit Fachausdrücken, Merklisten, Zusammenfassungen oder Gliederungen und die Strukturierung von Inhalten durch Tabellen, Diagramme oder Skizzen (vertiefend siehe z.B. Wild & Klein-Allermann, 1995). Organisationsstrategien zählen zu den kognitiven Lernstrategien und ermuntern zu einer vertieften Auseinandersetzung mit den Inhalten.

Das Mind-Mapping ist eine von mehreren Möglichkeiten, mit der Sie komplexe Lerninhalte übersichtlich darstellen und wesentliche Informationen extrahieren können. Zudem unterstützt es das Lernen und Erinnern durch die Aktivierung eines zweiten Sinneskanals, der visuellen Wahrnehmung. Mind-Maps können genutzt werden für die Strukturierung von Sachtexten und Vorlesungsmitschriften, Ideensammlungen sowie die Vorbereitung von Vorträgen und Prüfungen.

Zur Erstellung eines Mind-Maps schreiben Sie zunächst das zentrale Oberthema in die Mitte eines Blatt Papiers (am besten im Querformat). Von diesem Mittelpunkt ausgehend verzweigen sich die grundlegenden Hauptzweige. Auf diesen stehen die jeweiligen Schlüsselbegriffe des Oberthemas. Ein übersichtliches Mind-Map sollte nicht mehr als sieben Hauptzweige umfassen und möglichst nur ein Schlüsselwort pro Zweig enthalten. Sowohl mit Farben als auch mit Bildern können Sie es übersichtlicher gestalten. Differenzieren Sie die Hauptzweige in weitere Unterverzweigungen wie im folgenden Beispiel:

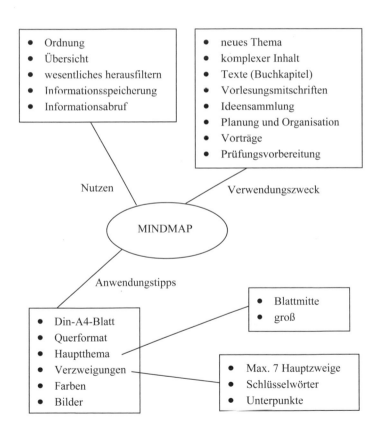

Elaborationstechniken sind ebenfalls kognitive Lernstrategien, die dazu geeignet sind, neue Lerninhalte in bestehende Wissensstrukturen zu integrieren und sie somit tiefgehend zu verarbeiten. Hierzu zählen die Bildung von Analogien, die Verknüpfung mit Beispielen aus dem Alltag oder persönlichen Erfahrungen, das Knüpfen von Verbindungen zwischen neuen Inhalten und verwandten Lerngebieten, die Konkretisierung anhand von Beispielen und die Generierung praktischer Anwendungsmöglichkeiten. Bei Elaborationstechniken wird eine vertiefte Auseinandersetzung mit den Lerninhalten angeregt, diese werden besser verstanden und bleiben länger in Erinnerung. Versuchen Sie deshalb, Lerninhalte mit bereits vorhandenem Wissen zu verbinden, Anwendungsmöglichkeiten und Beispiele zu finden. Weiterhin ist es hilfreich, bestehendes Vorwissen zu diesem Themengebiet vorab zu aktivieren, das erleichtert die spätere Einbettung in bereits vorhandene Wissensstrukturen.

Kritisches Prüfen – eine Elaborationsstrategie

Wie der Name sagt, werden beim kritischen Prüfen Lerninhalte (Aussagen, Theorien, Begründungszusammenhänge etc.) kritisch hinterfragt und deren Stimmigkeit geprüft, was zu einem tieferen Verständnis führt. Sind die Argumentationsketten schlüssig? Sind die Theorien und Schlussfolgerungen nachvollziehbar und ausreichend belegt? Welche alternativen Erklärungsansätze könnte es geben? Welche Schlussfolgerungen können gezogen werden? Welche weiteren Theorien können hinzugezogen oder kritisch gegenübergestellt werden?

Nehmen Sie bei der Erarbeitung von Lerninhalten einzelne Aussagen nicht einfach als gegeben hin, sondern prüfen und vergleichen Sie die Inhalte beispielsweise mit anderen Aussagen oder Ansätzen. Es lohnt sich!

Wenn Sie Wortlisten wiederholt durcharbeiten, Aufzeichnungen mehrmals durchgehen, Schlüsselbegriffe, Textstellen oder Gedichte auswendig lernen, wenden Sie Wiederholungsstrategien an. Kognitive Wiederholungsstrategien meinen das mehrfache Wiederholen von Lerninhalten mit dem Ziel, diese im Langzeitgedächtnis zu speichern. Dies ist hilfreich für die Aneignung jeglicher Lerninhalte – Fakten oder komplexe Zusammenhänge.

Das bloße Wiederholen von Lernstoff ist eine oberflächenorientierte Lernstrategie, da primär kein tieferes Verständnis der Inhalte intendiert ist. Dennoch ist es eine wesentliche Lernstrategie. Nutzen Sie diese Strategie, wenn Sie Lerninhalte beispielsweise für Prüfungen auswendig können müssen. Schätzen Sie realistisch ein, wie lange Sie für das Wiederholen der Inhalte benötigen und fangen Sie entsprechend frühzeitig damit an. Denken Sie daran, dass das Wiederholen sinnvoller ist, wenn Sie den Lernstoff verstanden haben. Diese Technik ist ebenfalls geeignet für Themen, die Sie öfter abrufen müssen.

Locitechnik als Beispiel einer Memorierungsstrategie

Die meisten Memorierungstechniken funktionieren, indem der Lerner die zu erinnernden Inhalte mit bereits bekannten Strukturen verknüpft. Ein Beispiel hiefür ist die Locitechnik. Dabei wird die zu erlernende Liste von Fakten, Begriffen oder Gliederungspunkten der Reihe nach mit bestimmten Orten verknüpft, sodass das Aufrufen eines dieser Orte das Auftreten des verknüpften Begriffes zur Folge hat.

Locitechnik:

Stellen Sie sich vor, Sie müssen morgen ein paar Besorgungen im Supermarkt machen. Da Sie wissen, dass Sie öfter den Einkaufszettel verlieren oder vergessen, versuchen Sie, sich diesen mithilfe der Locitechnik zu merken.

- Wählen Sie zunächst einen bestimmten Weg aus, den Sie häufig benutzen und der Ihnen vertraut ist (z.B. den Weg zur Schule/Universität oder einen bestimmten Weg durch Ihre Wohnung) und halten Sie sich diesen gedanklich vor Augen.
- Definieren Sie markante Punkte auf diesem Weg. Die Reihenfolge der markanten Punke muss eindeutig sein (z.B. 1.Bushaltestelle, 2.Apotheke, 3.Fußgängerüberweg usw.).
- Verbinden Sie in ihrer Vorstellung die Produkte Ihrer Einkaufsliste so anschaulich wie möglich mit diesen markanten Orten.
- Gehen Sie nun gedanklich diesen Weg so oft entlang, bis Sie es schaffen, alle Lebensmittel hintereinander flüssig aufzusagen.

Probieren Sie die Technik doch einfach mal mit den folgenden zehn Lebensmittel: *Milch, Salami, Brot, Eier, Bohnen, Banane, Klopapier, Zitronen, Kürbis, Spaghetti.* Natürlich können Sie die Übung auch direkt für eine aktuelle Aufgabe, z.B. Ihren nächsten Vortrag, verwenden.

Lernen in der Gruppe

In Gruppen zu lernen ist eine wichtige ressourcenorientierte Lernstrategie, die Sie vielleicht schon nutzen. Damit das Lernen in der Gruppe erfolgreich verläuft, ist es wichtig, folgende Regeln zu beachten (Metzger, 1996): Sie und Ihre Lernpartner sollten jeweils nach demselben *Grundschema* vorgehen. Meistens bietet es sich an, dass jeder den Lernstoff zuerst alleine erarbeitet und dann in der Gruppe Fragen geklärt werden, über den Stoff diskutiert wird, Prüfungsfragen generiert werden und man sich gegenseitig abfragt. Anschließend sollten die Inhalte von jedem nochmals alleine durchgegangen werden. Ebenso könnten Sie in der Lerngruppe Ihre Vorlesungsmitschriften vergleichen und Unklarheiten ausräumen. Die *Gruppengröße* sollte auf zwei bis vier Personen beschränkt sein. Alle Gruppenmitglieder sollten dasselbe *Ziel,* z. B. ein gutes Ergebnis bei der nächsten Prüfung zu erzielen, verfolgen. Auch die Bereitschaft zur *aktiven Mitarbeit* sollte von allen Mitgliedern der Lerngruppe gegeben sein. Legen Sie zusammen einen *Lernplan* und eine *Arbeitsweise* fest, z. B. Häufigkeit und Dauer der Treffen, Reihenfolge der Lerninhalte, usw.

Sie haben nun einige Lernstrategien für die Phase während des Lernens kennengelernt. Der Kasten „Strategien während des Lernens" gibt Ihnen die Gelegenheit, diese noch einmal zu reflektieren und nach Anwendungsmöglichkeiten zu suchen.

Strategien während des Lernens:

- Welche der vorgestellten Strategien kenne ich bzw. habe ich selbst schon beim Lernen erfolgreich angewendet?
- Welche Erfahrungen habe ich damit gemacht?
- Welche habe ich noch nicht genutzt? Welche der Strategien könnten bei meinen zukünftigen Aufgaben hilfreich für mich sein?

Haben Sie die bisher besprochenen Strategien bereits erfolgreich umgesetzt? Gratulation! Dann sind Sie schon ein wahrer Selbstregulationsprofi und haben bereits ein hohes Maß an Wissen und Fertigkeiten. Integrieren Sie dieses Wissen doch in Ihren Unterricht ermöglichen so Ihren Schülern ein selbstorganisiertes und effektives Arbeiten.

Förderung von Lernstrategien im Unterricht

Im ersten Teil dieses Kapitels haben Sie kognitive, metakognitive und ressourcenbezogene Lernstrategien, die anhand der Phasen des Selbstregulationsmodells gegliedert wurden, kennengelernt. Im folgenden Teil liegt der Fokus darauf, wie Sie den Einsatz von Lernstrategien für die Phase *während des Lernens* im Unterricht gezielt fördern können. Für Tipps zur Förderung von Strategien vor und nach dem Lernen empfehlen wir den Abschnitt „Förderung der Selbstregulation von Schülern" des ersten Kapitels.

Grundsätzlich ist es hilfreich, wenn Sie die Lernstrategien in Ihren Fachunterricht *integrieren*, die Lernstrategien also direkt im Unterricht zur Er- und Verarbeitung von Wissen anwenden. Dadurch bringen Sie schulisches Lernen mit den Lernstrategien in Verbindung und das „Lernen Lernen" wird konkret und anschaulich. Zusätzlich sollten Sie Ihre Schüler ermuntern diese eigenständig auch zu Hause anzuwenden bzw. ihnen konkrete Hausaufgaben stellen. Die dort gemachten Erfahrungen mit den Lernstrategien sollten dann im Unterricht besprochen werden.

Um Lernstrategien in Ihren Unterricht zu integrieren, können Sie z. B. am Anfang jeder Stunde kurz die besprochenen Inhalte aus der letzten Unterrichtsstunde wiederholen. Im Unterricht können Sie Ihre Schüler dazu anregen, über Inhalte zu diskutieren, diese kritisch zu prüfen und zu hinterfragen. Alternativ können Sie mit Ihren Schülern die Locitechnik zur Vorbereitung auf einen Vortrag vor der Klasse ausprobieren. Oder Sie bauen in Ihren Unterricht die Mind-Map Methode ein, indem Sie Ihre Schüler in Kleingruppen damit Texte strukturieren oder Ideen zu einem Thema sammeln lassen.

Ermöglichen Sie Ihren Schülern generell während des Unterrichts das Arbeiten in Gruppen. Auf diese Weise wird das Lernen in Gruppen für Ihre Schüler etwas Selbstverständliches. Beziehen Sie schon in Ihre Unterrichtsplanung Gruppenarbeiten mit ein. Sie können diese in Art und Umfang variieren, sodass Sie mal größere, mal kleinere Gruppen bilden und unterschiedliche Aufgaben bearbeiten lassen. Regen Sie Ihre Schüler an, sich außerhalb des Unterrichts in Gruppen zu treffen, um miteinander zu lernen. Machen Sie auch deutlich, in welchen Fällen Gruppenarbeit sinnvoll ist und wann man besser alleine lernt.

Um die Beobachtung des eigenen Lernverhaltens Ihren Schülern zu fördern, eigenen sich Lerntagebücher (siehe Landmann & Schmitz, 2007), Lernportfolios (Gläser-Zikuda & Hascher, 2007) und individuelle Lernkurven. Zusätzlich können Sie die Selbstbeobachtung durch entsprechende Fragen während des Unterrichts zu einem selbstverständlichen Bestandteil machen, indem Sie die Schüler im Verlauf von Arbeitsphasen immer wieder fragen: „Ist euch klar, was eure Aufgabe ist? Ist euer Vorgehen sinnvoll? Ihr habt noch x Minuten – seid ihr in eurem Zeitplan?"

Grundsätzlich dienen Sie selbst Ihren Schülern als Modell. Durch Modelllernen kann die Vermittlung von Lernstrategien deutlich unterstützt werden. Achten Sie also darauf, wie Sie sich selbst in Bezug auf Selbstregulation und Lernstrategien im Unterricht verhalten und wie häufig Sie selbst Strategien in Ihrem Unterricht einsetzen. Wenn Sie selbst immer wieder Lernstrategien in den Unterricht integrieren, wird die Verwendung solcher Strategien für Ihre Schüler selbstverständlich.

Auf diese Weise erhalten Ihre Schüler mit der Zeit ein umfangreiches Repertoire, von dem sie in der Schule, im Studium und im Berufsleben profitieren werden.

Lernstrategien im Unterricht fördern:

- Welche Lernstrategien habe ich bisher in meinem Unterricht eingesetzt und welche möchte ich zukünftig anwenden?
- Bei welchen Inhalten meines Unterrichts kann ich welche Methode besonders gut einsetzen?
- Wie kann ich den Strategieeinsatz der Schüler noch fördern?
- Wie möchte ich zur Selbstbeobachtung anregen?

Planung und Durchführung von Unterricht[4]

Fallbeispiel „Unterrichtsstunde"

Die Schulklingel läutet zum Unterricht. Karin betritt den Klassenraum, legt ihre Tasche auf das Pult und begrüßt die versammelte Schülerschaft – mehr oder weniger euphorisch erklingt die Erwiderung des Grußes. Die junge Frau lässt ihren Blick über die bunte Schar von Jugendlichen schweifen. Einige Augenpaare sehen verträumt aus dem Fenster, andere beschäftigen sich mit ihrem Sitznachbarn. Die meisten Schüler betrachten sie freundlich-interessiert, skeptisch oder etwas müde. Was haben wohl beide Seiten heute zu erwarten? Karin möchte in ein neues Thema einsteigen und hat sich dazu vor der Stunde einen groben Fahrplan zurechtgelegt. Sie erzählt, schreibt dazu gelegentlich etwas an die Tafel, stellt einige Fragen und erhält Antworten. Wie so oft tauchen viele Unklarheiten auf und sie muss in ihrem Vortrag innehalten und auf einzelne Details stärker eingehen. Karin rennt die Zeit davon. So kommt es, dass einige Punkte vertagt werden müssen und die Hausaufgaben in einem Durcheinander von Pausenklingel und dem Lärm von Stühlerücken untergehen. Karin ist erschöpft und entmutigt. Wieder ist sie mit dem Stoff nicht durchgekommen. Und ob sie ihre Klasse überhaupt erreicht hat, weiß sie auch nicht. Soll das jetzt immer so sein?

Dieses Szenario kennen Sie vielleicht so oder ähnlich. Es beschreibt die große Herausforderung, einer Gruppe von ganz verschiedenen Schülern fachspezifische Inhalte näherzubringen

---

4 Dieses Kapitel entstand unter Mitarbeit von cand. Psych. Anne Traulsen.

und sie dafür zu interessieren. Selten ist dieses Vorhaben von einfacher Natur. Und doch erinnern Sie sich sicher auch an Lehrkräfte aus Ihrer eigenen Schulzeit, bei denen Sie wirklich etwas gelernt haben und bei denen Sie Freude am Unterricht hatten.

Ein Grund hierfür könnte gewesen sein, dass diese Lehrpersonen ihren Unterricht auf andere Weise geplant und auch durchgeführt haben. Ein starres Schema, das auf jede Klasse zutrifft und für alle Inhalte passend ist, gibt es natürlich nicht. Sie können sich jedoch viele wichtige Grundlagen aneignen, sodass Sie jede Stunde individuell auf das jeweilige Ziel und die jeweilige Klasse zuschneiden können.

Strategien zur Unterrichtsplanung und -durchführung

Das vorliegende Kapitel gibt Ihnen einen Überblick über die wichtigsten Planungshilfen für Ihren Unterricht. Es stellt Ihnen Methoden zur abwechslungsreichen Gestaltung vor und gibt Ihnen Hinweise für eine förderliche Lernatmosphäre.

Zuvor können Sie Ihre persönliche Fragestellung in Bezug auf dieses Kapitel formulieren.

Meine persönliche Fragestellung an dieses Kapitel:

- Was weiß ich bereits über Planung und Durchführung von Unterricht?
- Was gelingt mir schon gut?
- Welche Fragen habe ich? Welche Anliegen und Ziele möchte ich mithilfe dieses Kapitels bearbeiten?

Analyse der Rahmenbedingungen

Bevor Sie zur konkreten Planung der Unterrichtsinhalte übergehen, ist es notwendig, dass Sie sich über die Bedingungen Gedanken machen, unter denen Sie Ihren Unterricht gestalten und durchführen werden. Hier spielen die Lernvoraussetzungen Ihrer Schüler sowie die Rahmenbedingungen eine wichtige Rolle. Die Frage, die Sie sich in dieser Planungsphase stellen, ist also: Wie kann überhaupt gelernt werden?

Selbst der strukturierteste und interessanteste Unterricht kann keinen Erfolg zeigen, wenn die Schüler nicht in der Lage sind, ihm zu folgen. Daher ist es notwendig, dass Sie sich ein Bild von Ihrer Klasse und den Lernvoraussetzungen Ihrer Schüler machen. Zu den wichtigsten Lernvoraussetzungen, die Sie in Ihre Planung einbeziehen müssen, gehören vor allem die Vorkenntnisse und die Motivation der einzelnen Schüler. Auch Besonderheiten wie der kulturelle Hintergrund, die sprachliche und die soziale Entwicklung sind zu bedenken.

Es ist wichtig, die Auswahl der Unterrichtsinhalte an das *Vorwissen* der Schüler anzupassen. Wenn diese bereits ein gewisses Vorwissen haben, können Sie Zeit einsparen und direkt auf einem höheren Niveau einsteigen. Sie würden Ihre Schüler sonst nur langweilen. Umgekehrt müssen Sie natürlich bei den Grundlagen anfangen, wenn die Schüler keinerlei Vorwissen haben. Schwierig wird es, wenn die Klasse sehr heterogen in Bezug auf das Vorwissen ist. In diesem Fall gilt es, die Klasse auf einen Stand zu bringen, ohne die Schüler mit Vorwissen zu langweilen. Hier bietet sich die elegante Lösung an, die Schüler mit Vorwissen an der Aufarbeitung der Wissenslücken der anderen zu beteiligen. Wichtig ist dabei natürlich, dass Sie kontrollieren, dass keine falschen Informationen unkorrigiert weitergegeben werden.

Die zweite Lernvoraussetzung der Schüler, über die Sie sich Gedanken machen sollten, ist deren *Motivation*. Sind Ihre Schüler interessiert an dem Thema? Oder sind sie diesbezüglich eher unmotiviert? Wenn Ihre Schüler bereits motiviert sind, umso besser. Nutzen Sie diese Motivation aus und beteiligen Sie Ihre Schüler möglichst umfassend an der Erarbeitung der Inhalte. Falls die Mehrheit der Schüler jedoch kein Interesse an dem Thema hat, sollten Sie zu Beginn einer neuen Themeneinheit einige Zeit investieren, um Ihren Schülern das Thema näherzubringen. Sie werden sehen, dass es sich lohnt. Für konkrete Tipps zur Motivierung von Schülern verweisen wir auf das erste Kapitel dieses Buches sowie auf Gage und Berliner (1996) und Schiefele (2004).

Sie fragen sich möglicherweise an dieser Stelle, wie Sie wissen können, ob Ihre Schüler Vorkenntnisse haben und motiviert sind? Wir empfehlen für den Fall, dass Sie unsicher sind, die Schüler einfach zu befragen. Falls Sie befürchten, dass die Schüler aus Angst vor schlechten Noten nicht ehrlich antworten, machen Sie die Befragung anonym, z.B. indem Sie kurze Fragebögen austeilen.

In dieser Phase der Unterrichtsplanung stellt sich auch die Frage nach den *äußeren Rahmenbedingungen*. Darunter fallen z.B. räumliche, zeitliche und klimatische Gegebenheiten, aber auch die Organisation von Medien und Materialien, die Sie im Unterricht einsetzen möchten. Hier sollten Sie vor allem überprüfen, ob die äußeren Rahmenbedingungen irgendwelche Besonderheiten aufweisen, die Sie bei Ihrer Unterrichtsplanung berücksichtigen sollten.

Der folgende Kasten gibt Ihnen Leitfragen zur Analyse der Rahmenbedingungen für Ihre nächste Unterrichtseinheit an die Hand.

Analyse der Rahmenbedingungen:

- Wie setzt sich meine Schülergruppe zusammen? Welche Vorkenntnisse und welche Fähigkeiten bringen meine Schüler mit? Sind alle auf dem gleichen Stand oder ist das Vorwissen unterschiedlich?

- Welche Auswirkungen hat dies auf meine Planungen? Was muss ich berücksichtigen?
- Welche Motivation bringen meine Schüler für dieses Thema mit?
- Welche Auswirkungen hat dies auf meine Planungen? Was muss ich berücksichtigen?
- Welche anderen Besonderheiten einzelner Schüler muss ich berücksichtigen?
- Ist der Raum ausreichend groß und flexibel gestaltbar, um z.B. Gruppenarbeiten durchzuführen?
- Besteht Beeinträchtigung durch Lärm oder schlechte Luft und gibt es Möglichkeiten zur Beseitigung?
- Wann findet der Unterricht statt und wie hoch ist zu der Zeit die Leistungsfähigkeit der Schüler?

Welche technischen Mittel sind vorhanden oder müssen beschafft werden (Overheadprojektor, Fernseher, Video-/DVD-Rekorder, Laptop, Beamer)?

Planung der Inhalte

In diesem zweiten Schritt Ihrer Unterrichtsplanung gehen Sie der Frage nach: *Was* soll gelernt werden? Die wichtigste Vorgabe bilden hier die vom Bildungsministerium festgelegten *Lehrpläne* oder *Bildungsstandards*. Die grundsätzlichen Pläne und Standards können Sie nicht verändern, denn sie zielen auf ein gewisses Maß an Standardisierung und Normierung ab. Zudem geben diese Vorgaben besonders unerfahreneren Lehrkräften einen Rahmen, der ihnen die Orientierung und Strukturierung erleichtert. Jedoch können Sie innerhalb der Vorgaben durch die Lehrpläne *Schwerpunkte* setzen und Inhalte auswählen. Hier sollten Sie Ihre eigenen Interessen sowie die Ihrer Schüler einbeziehen. Denn Inhalte, die Ihren und den Interessen Ihrer Schüler entgegenkommen, werden mit größerem Elan bearbeitet und besser behalten.

Sobald Sie sich für die zu unterrichtenden Inhalte entschieden haben, benötigen Sie einen *Überblick* über dieses Themengebiet. Denn Ihre Aufgabe als Lehrkraft ist es natürlich, sich mit dem im Unterricht behandelten Stoff so gut wie möglich auszukennen. Dazu bedarf es einer Vorarbeit im Sinne der *Informationssammlung*. Dabei ist es ratsam, verschiedene Informationsquellen zu nutzen, viel Material zu beschaffen und sich um Aktualität der Quellen zu bemühen.

Je mehr Informationen Sie haben, desto umfangreicher ist Ihr Wissen. Dies wird natürlich zu einem großen Teil in der universitären Ausbildung vermittelt. Für einen fundierten Unterricht ist es jedoch auch notwendig, über den aktuellen Forschungsstand und neue Entwicklungen informiert zu sein. Bücher, Zeitschriften und das Internet stellen naheliegende Möglichkeiten der Informationssuche dar. Scheuen Sie auch nicht davor zurück, an Fachleute heranzutreten. Diese können Ihnen wichtige Hinweise und Anregungen geben.

Sobald Sie sich einen Überblick über das Themengebiet verschafft haben, ist es auch hier wieder notwendig, Schwerpunkte zu setzen und Inhalte auszuwählen. Sie werden Ihren Schülern schwerlich alles Wissenswerte vermitteln können – dafür ist die zur Verfügung stehende Zeit zu begrenzt. Überlegen Sie sich daher, was die wichtigsten Punkte sind, die Ihre Klasse am Ende der Unterrichtseinheit in jedem Fall beherrschen soll und muss. Setzen Sie sich dazu einige ganz konkrete Lernziele für die Unterrichtseinheit (siehe auch Becker, 2007a).

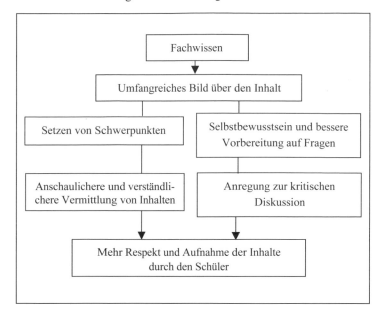

Abbildung 1: Vorteile eines guten Fachwissens

Zum einen erleichtert ein guter thematischer Überblick die Strukturierung des *Inhalts* und es fällt Ihnen leichter abzuschätzen, welche Inhalte relevant sind. Das Thema wird übersichtlicher und durch Beispiele und Ideen, die Sie Ihrem Material entnehmen, können Sie den Inhalt für Ihre Schüler anschaulicher und verständlicher gestalten. Somit steigt die Wahrscheinlichkeit, dass Ihre Schüler sich das Wissen auch aneignen. Zum anderen trägt umfangreiches Wissen zu Ihrer *Selbstsicherheit* bei. Da Sie sich ausführlich mit der Thematik auseinandergesetzt haben, sind Sie besser gewappnet für schwierige Fragen, können aber auch selbst zu kritischen Diskussionen anregen. Eine strukturierte, anschauliche Aufbereitung und ein selbstsicheres Auftreten können einen wichtigen Beitrag dazu leisten, das Interesse und den Respekt der Schüler zu erlangen und zu erhalten.

Aber: Sie sollten davon Abstand nehmen, alles wissen zu wollen oder zu müssen. Kleine „Lücken" bei Lehrkräften können durchaus für Sympathie sorgen. Sie können also ruhig zugeben, wenn Sie etwas gerade nicht parat haben oder es sich Ihrer Kenntnis entzieht. Nutzen Sie diese Gelegenheit, um mit Ihren Schülern gemeinsam nach der entsprechenden Information zu suchen. Auf diese Weise werden diese eingebunden und lernen ganz nebenbei Methoden der Informationsbeschaffung. Über schwierige Fragen, auf die es keine eindeutige Antwort gibt, kann auch mit den Schülern gemeinsam diskutiert werden. Sie sprechen damit Ihre Schüler an und regen sie zu eigenständigem Nachdenken an. Auf diese Weise können Sie eine förderliche Arbeitsatmosphäre schaffen.

Der folgende Kasten unterstützt Sie bei der inhaltlichen Vorbereitung Ihres Unterrichts.

Inhaltliche Vorbereitung:

- Welcher Lehrstoff ist durch Lehrpläne und Bildungsstandards vorgegeben?
- Welche besonderen Interessen habe ich? Welche Themen interessieren meine Schüler besonders?
- Welche Quellen kann ich zur inhaltlichen Vorbereitung meines Unterrichtes nutzen? Wer könnte mir weiterhelfen?
- Welches sind die wichtigsten Punkte meines Themas?
- Welche Schwerpunkte möchte ich setzen und wie kann ich die Inhalte sinnvoll strukturieren?
- Mit welchen Beispielen kann ich die Inhalte des Themas veranschaulichen? Habe ich eigene Ideen? Wo könnte ich Anregungen finden?
- Welche positiven Auswirkungen hat eine gute Vorbereitung auf mich selbst? Welchen Nutzen haben meine Schüler dadurch? Wie könnte die Arbeitsatmosphäre davon profitieren?

Planung der Methoden

Zielsetzung bei der Methodenauswahl ist es, die Aufmerksamkeit Ihrer Schüler zu erlangen, ihr Interesse an dem Thema zu wecken und ihnen den Stoff verständlich zu vermitteln. Auch die Freude am Lernen kann so gefördert werden und diese leistet einen entscheidenden Beitrag zur Motivation der Schüler und somit zum Lernergebnis.

Am weitesten verbreitet ist immer noch der traditionelle Frontalunterricht, bei welchem der Lehrer an der Tafel steht und Informationen an die Schüler weitergibt. Diese Art der Wissensvermittlung ist als ein Teil einer Unterrichtsstunde sinnvoll, doch als alleinige Unterrichtsform macht sie die Schüler passiv und wirkt ermüdend, sodass nach einer bestimmten Zeit selbst interessierte Schüler nicht mehr folgen können.

Es ist deshalb wichtig, die Erarbeitung von Unterrichtsinhalten auch in anderen Formen vorzunehmen und den klassischen Frontalunterricht so oft wie möglich abzulösen. Becker (2007a, 2007b) nennt hier den *Methodenwechsel* als zentralen Begriff. Monotonie und somit auch Langeweile können durch andere Lernformen durchbrochen werden. Der Inhalt wird durch neue Anforderungen und aktive Beteiligung interessanter und den Schülern fällt es leichter, sich dem Thema aufmerksam zu widmen. Zudem bleibt Wissen, das man sich selbst erarbeitet hat, viel besser haften. Ein schöner Nebeneffekt ist, dass die Schüler in anderen Sozialformen – Partnerarbeit, Kleingruppenarbeit oder in Diskussionsrunden – die Kooperation mit anderen üben. Schließlich ist ein weiterer Vorteil, dass Sie als Lehrer etwas mehr in den Hintergrund treten (und Ihre Stimme schonen) können, wenn Sie nur beratende oder moderierende Aufgaben wahrnehmen.

Methodenübersicht

Im Folgenden stellen wir Ihnen verschiedene Methoden vor, die Sie in Ihren Unterricht integrieren können. Nicht jede Übung ist für alle Themen, Gruppenkonstellationen und Lernziele gleich gut geeignet. Daher ist es wichtig, dass Sie abwägen, welche Methode in der jeweiligen Situation am zielführendsten ist und welche Gruppengröße sich jeweils besonders gut eignet. Eine grobe Einteilung zur Gruppengröße lässt sich folgendermaßen vornehmen:

Gruppengrößen:

- Klasse: Gesamte Schülerschaft der Klasse
- Großgruppe: 7–10 Schüler
- Kleingruppe: 3–6 Schüler
- Partnerarbeit: 2 Schüler

Einstieg in ein Thema
Der Einstieg in ein neues Thema ist von entscheidender Bedeutung, denn er trägt wesentlich dazu bei, Interesse am Thema zu wecken und Ihre Schüler für den weiteren Verlauf des Unterrichts zu motivieren. Auf den folgenden Seiten finden Sie einige Anregungen hierfür.

Karikaturen, Bilder, kontroverse Zitate etc.

Methode: Den Schülern werden Karikaturen, Zeichnungen, Bilder oder kontroverse Zitate vorgelegt, zu denen sie Stellung nehmen sollen.

Ziel:	Ihre Schüler werden durch lustige, interessante oder widersprüchliche Inhalte provoziert, ohne von vielen Informationen überfordert zu werden. Sie machen sich Gedanken zum Thema, könncn Meinungen austauschen, denken kritisch über das Material nach und werden für den kommenden Inhalt sensibilisiert. Das Interesse für das zu besprechende Thema wird geweckt.
Gruppe:	Kleingruppe bis Klasse
Beispiele:	„Wer Dankbarkeit erwartet, ist selber schuld." Erhard Blanck, (*1942), deutscher Heilpraktiker, Schriftsteller und Maler. „Geschichte ist die Legendc, auf die man sich geeinigt hat." Napoleon I. Bonaparte.

Stummer Impuls

Methode:	Den Schülern wird ein Gegenstand (z.B. ein Werkzeug) vorgelegt. Sie sollen überlegen und diskutieren, wozu dieser zu gebrauchen ist bzw. was dieser aussagen soll.
Ziel:	Durch aktives Ausprobieren und gedankliche Auseinandersetzung wird die Kreativität Ihrer Schüler angesprochen und geschult. Sie versetzen sich in andere Perspektiven und überlegen eigenständig. Das Interesse für das zu besprechende Thema wird geweckt.

Gruppe: Kleingruppe bis Klasse

Beispiel: Wozu braucht man dieses Werkzeug?

Kopfsalat

Methode: Bilder mit einem Jungen oder einem Mäd-
                 chen darauf werden verteilt. Die Figuren
                 auf den Bildern haben eine Sprechblase, in
                 die Fragen eingetragen werden sollen, die
                 die Schüler in besonderem Maße interessie-
                 ren.

Ziel: Diese Form, Unterricht zu beginnen, eignet
                 sich besonders für den Einstieg bei sensib-
                 len Themen wie Liebe, Sexualität, Gefühle
                 usw. Es fällt manchen Schülern leichter,
                 sich zu öffnen und ihre Anliegen niederzu-
                 schreiben, wenn sie durch einen Stellvertre-
                 ter sprechen können. Die Blätter können
                 eingesammelt und anonymisiert vorgestellt
                 oder aber auch zur Auswertung und weite-
                 ren Unterrichtsplanung mit nach Hause ge-
                 nommen werden.

Gruppe: Einzelarbeit

Beispiel: Dieser Junge/dieses Mädchen wird von sei-
                 nen/ihren Klassenkameraden gehänselt.
                 Was denkt er/sie?

Experimente

Methode: In einem Versuchsaufbau wird ein bestimmtes Phänomen demonstriert, über das dann im Folgenden diskutiert werden kann. Entweder führen Sie als Lehrer das Experiment durch oder Sie überlassen es den Schülern, den Versuch aufzubauen und durchzuführen.

Ziel: Die Schüler staunen z. B. über ein physikalisches Phänomen, wodurch ihr Interesse für das Thema geweckt wird. Durch eigenständiges Durchführen von Experimenten lernen Ihre Schüler deutlich intensiver als bei einer rein theoretischen Wissensvermittlung.
Diese Methode ist nicht nur für den Unterrichtseinstieg sondern auch für die Veranschaulichung bereits besprochener Inhalte geeignet.

Gruppe: Kleingruppe bis Klasse

Beispiel: Vakuumdemonstration: Aufplatzen eines Schokoladenkusses unter einer Glasglocke, aus der die Luft abgesogen wird.

Rätsel

Methode: Der Lehrer stellt eine Rätselfrage und die Schüler müssen die Antwort erraten. Bei der Auflösung handelt es sich um das neue Thema.

Ziel: Über gereimte oder ungereimte Rätsel werden Ihre Schüler mit Spaß an ein Thema her-
angeführt. Je nach Schwierigkeitsgrad des
Rätsels kann die Lösung recht knifflig sein,
sodass die Schüler sich dementsprechend
anstrengen müssen.
Rätsel sind auch in anderen Unterrichtssitua-
tionen, z. B. am Ende einer Unterrichtseinheit zur Wiederholung des Gelernten, geeignet.

Gruppe: Alle Gruppengrößen denkbar

Beispiel: Einführung Igel:
Ich geh' gewappnet, ganz und gar steht nicht
nach Streit mein Sinn; mir krümmt kein Bö-
sewicht ein Haar, so friedlich wie ich bin.
Ich geh erst raus zu später Stund', doch rührt
mich einer an, da wehr ich mich, ob Mensch,
ob Hund, gestochen wird er dann. – **Wer bin
ich?**

Fragen der Schüler

Methode: Die Schüler überlegen sich Fragen zu einem
bestimmten Thema, welche dann für die wei-
tere Planung verwendet werden.

Ziel: Die Schüler setzen sich eigenständig mit dem
Thema auseinander. Durch die selbstständige
Erarbeitung der Fragen erhalten Sie als Leh-
rer Einblick in die Interessen Ihrer Schüler

und können gezielt auf bestimmte Inhalte eingehen.

Gruppe: Einzelarbeit bis Kleingruppe

Beispiel: Wenn ihr an das Mittelalter denkt, welche Dinge würden euch interessieren?

Brainstorming

Methode: Den Schülern wird ein Begriff oder auch eine Fragestellung vorgegeben, zu der/dem diese Assoziationen bzw. Ideen sammeln sollen. Zunächst wird nur gesammelt und noch keine Wertung der Ideen vorgenommen. Nach Beendigung des Brainstormings werden dann gemeinsam die vorhandenen Vorschläge besprochen und bewertet.

Ziel: Auf diesem Wege wird die Kreativität Ihrer Schüler angesprochen und geschult. Sie machen sich eigenständig Gedanken und sprechen diese aus. Dadurch können auch ungewöhnliche, aber sehr gute Ansätze gefunden werden. Zudem bekommen Sie auf diese Weise einen Einblick in das Vorwissen Ihrer Schüler. Diese Methode eignet sich auch für andere Situationen, in denen Kreativität gefragt ist.

Gruppe: Kleingruppe bis Klasse

Beispiele: Was fällt euch zum Thema Umwelt ein? Welche Aktivitäten würdet ihr gerne beim Sommerfest anbieten?

Vertiefung eines Themas
Sobald die inhaltliche Basis eines Themas erarbeitet wurde, können Sie mit folgenden Methoden die Einblicke vertiefen und Ihre Schüler zu einer weiteren kritischen Betrachtung anregen.

Einfache Kleingruppenarbeit

Methode: Die Schüler werden in Gruppen eingeteilt und sollen anhand von vorgegebenem Material bestimmte Fragestellungen bearbeiten und ihre Ergebnisse dann im Plenum vorstellen.

Ziel: Ihre Schüler erarbeiten sich das Wissen selbst. Zudem erlernen sie die selbstständige Strukturierung sowie die angemessene Visualisierung und Präsentation ihrer Arbeit. Sie verbessern außerdem durch das gemeinsame Arbeiten ihre sozialen Fähigkeiten.

Gruppe: Kleingruppe

Jigsaw

Methode: Die Schüler werden zunächst in sogenannte Expertengruppen eingeteilt und erarbeiten sich dort gemeinsam ein Thema. Jede Gruppe erhält ein anderes Thema. Ist die Erarbeitung abgeschlossen, werden neue Gruppen gebildet, sodass in jeder neuen Gruppe mindestens ein Experte zu jedem Thema ist. In diesen neuen Gruppen (Stammgruppen) gibt jeder Experte das Wissen über sein Thema an die anderen Schüler weiter.

| Ziel: | Die Schüler setzen sich aktiv mit ihrem Thema auseinander und vertiefen das Wissen dadurch, dass sie ihr Thema strukturieren und ihren Mitschülern dieses Wissen erklären. Dabei befindet sich jeder Schüler einmal in der Rolle des Lehrers. |

| Gruppe: | Kleingruppen |

| Beispiel: | Themenerarbeitung: |

Expertengruppe A, Schüler 1, 2, 3: Monarchie
Expertengruppe B, Schüler 4, 5, 6: Diktatur
Expertengruppe C, Schüler 7, 8, 9: Demokratie

Wissensvermittlung:
Stammgruppe A, Schüler 1, 4, 7: Schüler 1 erklärt den anderen die Monarchie, Schüler 4 die Diktatur, Schüler 7 die Demokratie.
Analog: Stammgruppe B, Schüler 2, 5, 8 und Stammgruppe C, Schüler 3, 6, 9

Diskussionsrunde

| Methode: | Die Schüler sitzen im Kreis und diskutieren zu einem bestimmten Thema. Der Lehrer übernimmt eine rein moderierende Funktion. |

| Ziel | Die Schüler tauschen sich miteinander aus, lernen zu argumentieren und üben konstruktive Gesprächsführung. Da der Lehrer sich weitgehend zurückhält, eventuell sogar einer der Schüler die Moderation übernimmt, erfahren die Schüler Autonomie und trainieren ihre Selbstständigkeit. |

Gruppe: Kleingruppe bis Klasse

Beispiel: Todesstrafe – ja oder nein?

World-Café

Methode: Die Schüler werden in Gruppen eingeteilt und sitzen zusammen an Gruppentischen. An jedem Gruppentisch liegen Materialien oder Dinge, über die die Schüler diskutieren können. Ein Schüler schreibt stichpunktartig die Diskussion mit. Nach einer gewissen Zeit ziehen die Schüler an den nächsten Tisch weiter. Der Schriftführer jedoch bleibt am Tisch sitzen, gibt der nächsten Gruppe einen kurzen Einblick in die bisher besprochenen Themen und führt die Diskussion weiter. Zum Schluss stellen die Schriftführer, welche die Diskussion über den ganzen Zeitraum begleitet haben, die wichtigsten Diskussionspunkte im Plenum vor.

Ziel: Die Schüler setzen sich mit verschiedenen Themen aktiv auseinander, erlernen den Meinungsaustausch und erhalten Einblicke in die Gedanken ihrer Mitschüler. Zudem wird die Kreativität geschult, indem ohne Vorgaben über das Material diskutiert wird. Die Schriftführer erlernen Möglichkeiten der Strukturierung und der Präsentation.

Gruppe: Kleingruppe

Beispiel: Diskussion über die unterschiedlichen Stile der Berichterstattung in den Medien:

1. Tisch: Ausschnitte aus verschiedenen Zeitungen und Zeitschriften mit jeweils unterschiedlichem Stil der Berichterstattung.
2. Tisch: Nachrichtendurchsagen verschiedener Radiosender in Skriptform.
3. Tisch: Skripte von Nachrichtensendungen verschiedener Fernsehsender und von dort verwendetem Filmmaterial.

Rollenspiel

Methode: Die Schüler übernehmen als Schauspieler die Rolle anderer Personen. Sie stellen nach Skript oder im freien Spiel bestimmte Situationen dar.

Ziel: Ihre Schüler stellen soziale Situationen dar und können auf diese Art in einem geschützten Rahmen verschiedene Handlungsmuster entwickeln und erproben. Angemessene Verhaltensmuster können so eingeübt werden. Über den gewählten Handlungsweg kann zudem mit den Mitschülern und Co-Rollenspielern diskutiert werden, um herauszufinden, wie das Verhalten der übernommenen Rolle auf andere wirkt. Diese Methode kann auch zur realen Konfliktentschärfung zwischen Mitschülern eingesetzt werden.

Gruppe: Kleingruppe bis Klasse

Beispiel: Wie reagiere ich in Konfliktsituationen und wie könnte ich stattdessen damit umgehen?

Stationen-Lernen

Methode: Im Klassenraum werden verschiedene Stationen mit unterschiedlichem Material aufgebaut. Die Schüler gehen von Station zu Station und machen sich dort Notizen.

Ziel   Ihre Schüler eignen sich selbstständig Inhalte an und finden heraus, welche Themen Sie besonders interessieren. Sie überlegen sich, welche Informationen von besonderer Relevanz sind, erlernen Strukturierung und Eigenverantwortlichkeit.

Gruppe: Einzelarbeit bis Kleingruppe

Beispiel: Auf Stellwänden werden unterschiedliche Tierarten vorgestellt. Darauf sind z. B. kurze Steckbriefe, Bilder, Zeitungsausschnitte, berühmte Vertreter aus den Medien und Besonderheiten zur jeweiligen Tierart ausgestellt.

Referate der Schüler

Methode: Jeder Schüler erarbeitet und präsentiert ein (selbstgewähltes) Thema.

Ziel: Ihre Schüler setzen sich intensiv mit ihrem Thema auseinander und erlernen die Strukturierung von Inhalten und deren Präsentation mit unterschiedlichen Medien.

Gruppe: Einzelarbeit bis Partnerarbeit

Beispiele: Länder, Kulturen, Bauwerke, Zeitalter, Musiker, Künstler, Tiere, …

Projektarbeit

Methode: Ihre Schüler suchen sich ein interessantes Thema, das sie in einem ausreichenden zeitlichen Rahmen selbstständig theoretisch und praktisch aus Sicht verschiedener Disziplinen erarbeiten. Das Ergebnis wird der Klasse oder auch der Schule und den Eltern vorgestellt.

Ziel: Ihre Schüler erhalten die Möglichkeit, sich ganz einem Thema ihres Interesses zu widmen. Dabei werden hohe Anforderungen an die Eigenständigkeit und Eigendisziplin gestellt, da die Schüler sich selbstständig Material beschaffen und dieses strukturieren müssen. Zudem erlernen sie Möglichkeiten der Präsentation und Zeitplanung.

Gruppe: Einzelarbeit bis Großgruppe

Beispiele: Programmierung eines kleinen Computerspiels, (theoretische) Umgestaltung von Räumen der Schule, Entwicklung eines Produktes und eines passenden Werbekonzeptes, die Entwicklung eines Umweltkonzepts, die Erarbeitung einer „Bill of Rights" zur Verbesserung des Schulklimas, …

Spiele

Methode: Je nach Lernziel können Bewegungsspiele,

Konstruktionsspiele oder Informationsspiele zur Verdeutlichung eines Inhalts herangezogen werden.

Ziel: Über den animierenden Charakter werden die Schüler auf spielerischer Ebene angesprochen und haben oft mehr Elan, sich einem Thema zu widmen oder Dinge einzuüben.

Gruppe: Klasse

Beispiel: „King-Kong": Die Schüler sitzen im Kreis und zählen reihum ab 1 aufwärts. Regel (z.B.): Alle Zahlen, die eine 5 enthalten, heißen King, alle Zahlen, die durch 3 teilbar sind, heißen Kong. Zahlen, für die beides zutrifft, heißen King-Kong. 1, 2, Kong, 4, King, …, 14, King-Kong, usw.
Weitere Anregungen finden Sie z.B. bei Wallenwein (2003).

Ausflüge und Gastvorträge

Methode: Zur Vertiefung eines Themas können Fahrten durchgeführt oder Personen eingeladen werden, die etwas über ein bestimmtes Thema erzählen.

Ziel: Das Thema wird von anderer Seite her aufgegriffen und praktisch veranschaulicht. Die Schüler haben die Möglichkeit, Fragen zu stellen bzw. sich aktiv mit einem Inhalt auseinanderzusetzen und die praktische Relevanz eines Themas zu sehen.

Gruppe:	Klasse
Beispiele:	Fahrten zu Polizei, Gericht, Museen, Theater, wissenschaftlichen Instituten usw. Einladung von Elternteilen, die etwas über ihren Beruf erzählen, Lokalpolitikern, Geschäftsführern ansässiger Firmen oder ähnliches.

Diese Übersicht ist natürlich in keiner Weise vollständig. Sie liefert jedoch Ideen für mögliche Vorgehensweisen in Ihrem Unterricht, die Sie modifizieren können. Sie können sowohl Neues ausprobieren als auch auf Bewährtes zurückgreifen oder beides kombinieren. Sie können gezielt nach Büchern suchen, die speziell auf Methoden ausgelegt sind, und sich dort Anregungen holen.

Einsatz der Methoden

Bei der Auswahl der Methode sollten Sie vor allem darüber nachdenken, wie Sie Ihr *Lernziel* am effektivsten erreichen können. Welche Methode ist am besten geeignet, die ausgewählten Inhalte mit dieser speziellen Klasse zu erarbeiten? Wenn Sie sich für eine Methode entschieden haben, folgt anschließend die Entscheidung für eine Gruppengröße.

Phasen der *Einzelarbeit* beispielsweise schaffen Ruhephasen und fördern die Autonomie, enthalten jedoch im Normalfall keine soziale Interaktion. Erfolgreiche *Partnerarbeit* trainiert kooperatives Verhalten und wechselseitiges Geben und Nehmen, wobei sich beide Schüler in großem Umfang einbringen können. Es fließen jedoch nicht so viele Standpunkte ein wie bei der *Kleingruppenarbeit*, bei der die Meinungen vielfältiger sein können. Kleingruppenarbeit benötigt jedoch aufgrund des möglicherweise großen Diskussionsbedarfs deutlich mehr Zeit. Auch die Räumlichkeiten müssen entsprechend groß sein, damit die einzelnen Gruppen ungestört arbeiten können. Die *Großgrup-*

penarbeit unterstützt den Austausch vieler verschiedener Meinungen, kann jedoch auf der anderen Seite auch etwas unübersichtlich sein. Der Einzelne tritt dabei stärker zurück. Diese Form der Gruppenarbeit eignet sich besonders bei größeren Aufgaben, die in kleinere Teilaufgaben zergliedert werden können, z. B. Projekten. Auch hier müssen wieder ausreichend Zeit und Platz zur Verfügung stehen. Die Arbeit mit der gesamten *Klassengemeinschaft* bietet sich beispielsweise für Experimente, Exkursionen oder auch Spiele an, bei denen eine größere Anzahl von Teilnehmern erwünscht ist oder eine Aufteilung aus bestimmten Gründen nicht möglich ist. Eine sehr intensive Auseinandersetzung mit einem Thema, wie sie in den kleineren Gruppenkonstellationen geschieht, ist in den großen Gruppen jedoch selten möglich.

Auch die Zusammensetzung der Gruppen ist von Bedeutung. Je nach Unterrichtsziel kommen andere Aufteilungen in Betracht. Sie können die Aufteilung beispielsweise schlicht anhand der Sitzordnung vornehmen. In der Regel werden dann die Schüler, die sich sympathisch sind, in einer Gruppe sein. Vielleicht liegt Ihnen aber auch daran, dass die Schüler sich untereinander besser kennenlernen und sich auch mal mit anderen Klassenkameraden auseinandersetzen. In dem Fall können Sie die Gruppen losen oder durch Abzählen zusammenstellen. Für manche Aufgabenstellungen ist es Ihnen möglicherweise wichtig, dass die Gruppen in sich leistungsheterogen sind, sodass alle Gruppen gleich leistungsstark sind und die schwächeren Schüler durch die stärkeren Unterstützung erfahren. Umgekehrt kann es sinnvoll sein, möglichst leistungshomogene Gruppen zusammenzustellen, falls Sie einen binnendifferenzierten Unterricht machen möchten. In diesem Fall bekommt jede Gruppe je nach ihrem Leistungsvermögen eine andere Aufgabenstellung.

Folgende Leitfragen können Ihnen dabei behilflich sein, sich in jeder Situation für eine angemessene Methode zu entscheiden.

Methoden:

- Welche Methode hilft mir am besten dabei, mein Lernziel zu erreichen?
- Stehen Aufwand und Nutzen in einem angemessenen Verhältnis?
- Werden die sozialen Normen eingehalten (niemand vorgeführt o. ä.)?
- Sind meine Schüler kognitiv und sozial in der Lage, die gestellten Aufgaben zu bearbeiten? Können Defizite durch mich oder andere Schüler kompensiert werden?
- Welche Gruppengröße bietet sich an?
- Nach welchen Kriterien sollen die Gruppen zusammengesetzt sein? Ist niemand ausgeschlossen?
- Erlauben die räumlichen Gegebenheiten die Durchführung? Ist es notwendig, zusätzliche Materialien oder Medien zu beschaffen?

Arbeitsaufträge erstellen

Sie haben sich nun für eine Methode entschieden, die den Lernvoraussetzungen Ihrer Schüler angemessen und geeignet für das Erreichen Ihres Lernziels ist. Auch die Gruppengröße und die Gruppenzusammensetzung haben Sie festgelegt und das benötigte Material ist organisiert.

Bevor Sie allerdings zur Ausführung schreiten können, sollten Sie die wichtigen Arbeitsaufträge und Fragen für die Schüler vorformulieren. Dies hat mehrere Vorteile. Einerseits gibt es Ihnen selbst Sicherheit: Sie haben eine genaue Vorstellung von der Aufgabe und können diese kurz, klar und verständlich Ihren Schülern präsentieren. Auch Ihre Schüler profitieren von einer verständlichen Aufgabenstellung: Verwirrung durch unklare

Anweisungen wird vermieden und es müssen weniger Rückfragen gestellt werden. Arbeitsaufträge haben den zentralen Zweck zu aktivieren und zu motivieren, sich mit dem vorgegebenen Thema zu beschäftigen. Unklare und wenig durchdachte Aufträge führen eher zu Frustration und abnehmender Motivation.

Die Aufgaben selbst können im Unterricht auf verschiedene Arten gestellt werden. Einfache und leicht verständliche Aufgabenstellungen können mündlich präsentiert werden. Umfassendere Fragestellungen sollten dagegen zusätzlich visualisiert werden. Dies können Sie an der Tafel oder über andere Präsentationsmedien vornehmen. Gerade bei komplexeren Aufgabenstellungen sind „greifbare" Arbeitsaufträge in Form von Arbeitsblättern unerlässlich, da sie alle wichtigen Informationen enthalten. Die Schüler können sich somit die Aufgabenstellung immer wieder ins Gedächtnis rufen und sich Notizen machen.

Je nach angestrebtem Ziel und den Lernvoraussetzungen der Schüler kann die Art der Angaben unterschiedlich ausfallen. Wollen Sie die Schüler bei der Aufgabe in starkem Maße unterstützen und ihnen Ansätze zur Lösung mit auf den Weg geben, sollten Sie mit Angaben und Hinweisen zur Aufgabenbewältigung arbeiten, wie z. B.: „Erkläre das Prinzip der Braun'schen Molekularbewegung, indem du dir überlegst, was mit einer leeren, aber geschlossenen Plastikflasche bei Hitzeeinwirkung geschieht. Was könnte der Auslöser für dieses Phänomen sein?"

Falls Sie Ihre Schüler als ausreichend kompetent in dem jeweiligen Gebiet einschätzen, eine Aufgabe selbstständig zu lösen, sollte der Arbeitsauftrag so aussehen: „Was versteht man unter der Braun'schen Molekularbewegung?"

Schüler müssen beide Aufgabentypen bearbeiten können. In der Regel werden sich die Arbeitsaufträge aber mit steigendem Alter und Erfahrung von der geschlossenen zur offenen Form hin bewegen. Schüler wollen nicht überfordert, wohl aber gefordert werden. Das heißt, dass sie durchaus vor Aufgaben gestellt werden können, die sie in dieser Form noch nicht kennen, bei denen sie sich also wirklich anstrengen müssen. Zu simple Aufgaben fördern Langeweile und das Gefühl, nicht ernst genommen zu werden. Zu schwierige Aufgaben animieren zum Aufgeben. Die Aufgaben, die am besten geeignet sind, sind herausfordernd, aber nicht zu schwierig. Die etwas höheren Anforderungen unterstützen zum einen das eigenständige Suchen nach geeigneten Lösungen und zum anderen die Fähigkeit, mit kleinen Frustrationen zurechtzukommen.

Ein wichtiger Punkt zum Schluss: Berücksichtigen Sie bei der Konzeption Ihrer Arbeitsaufträge einen angemessenen zeitlichen Rahmen. Nichts ist ärgerlicher als ein großer Aufwand, der durch unrealistische Zeitplanung nicht zum Erfolg führen kann. Da der Zeitaufwand vor allem für Lehrende mit wenig Erfahrung schwierig eingeschätzt werden kann, sollten Sie Puffer einplanen. Überlegen Sie für den Fall, dass es etwas länger dauert als geplant, im Vorhinein welche Inhalte der Stunde wegfallen oder in welcher Form sie gekürzt werden könnten.

Auch eine Ergebniskontrolle sollte grundsätzlich mit eingeplant werden. Informieren Sie Ihre Schüler vorab darüber, was mit den Arbeitsergebnissen geschehen wird. Dies fördert die Motivation, eine gute Leistung zu erbringen, da diese angemessen gewürdigt wird. Wichtig ist auch, dass für jeden Schüler am Ende einer Übung eindeutig klar ist, welches Ergebnis gut oder richtig ist. Auch die Begründung dafür ist von Bedeutung. Denn nur durch ausreichende Rückmeldungen über die erbrachte Leistung können Ihre Schüler sich verbessern. Auch sollten Sie sich Gedanken darüber machen, in welcher Weise die Arbeitsergebnisse im folgenden Unterricht weiterverwertet und aufgegriffen werden können. So sehen Ihre Schüler einen Nutzen in Ihrer Tätigkeit und arbeiten motivierter mit.

Arbeitsaufträge:

- Wie präsentiere ich meinen Schülern ihren Arbeitsauftrag?
- Welche Informationen muss er enthalten?
- Welche Lösungshinweise möchte ich bei Bedarf geben?

- Ist die Aufgabe verständlich formuliert und strukturiert?
- Habe ich ausreichend Zeit für die Aufgabenbearbeitung, die Ergebniskontrolle und die Rückmeldung eingeplant?
- Welche Relevanz haben die Ergebnisse des Arbeitsauftrages für die weitere Planung meines Unterrichts?

Anmerkung zur Umsetzung in der Praxis

Sie haben nun viele Aspekte kennengelernt, über die Sie sich bei der Planung eines erfolgreichen, effektiven Unterrichts Gedanken machen sollten. Es wird jedoch immer wieder vorkommen, dass Ihre sorgfältige („theoretische") Planung plötzlich durch Unvorhergesehenes in der Praxis „über den Haufen geworfen wird": Sie benötigen länger als geplant für die Erklärung eines schwierigen Sachverhaltes, der Beamer funktioniert nicht mehr, vor dem Klassenfenster lärmen Bauarbeiter usw.

Auch wenn Sie zunächst denken: „Es kommt so und so anders, da brauche ich gar nicht erst zu planen.", liegen Sie falsch. Unvorhergesehenes mindert in keiner Weise den Wert einer guten Planung. Ganz im Gegenteil: Eine gute Planung ermöglicht Ihnen, die nötige Sicherheit zu bewahren, auch mit unvorhergesehenen Situationen zurechtzukommen. So können Sie weniger relevante Aspekte auslassen oder sich auf andere Art und Weise einem Lehr- bzw. Lernziel nähern, weil Sie ausreichend Überblick über das Thema und geeignete Methoden haben. Zudem können Sie nur mit einer vorhandenen Zeitplanung überprüfen, ob Ihre Einschätzungen realistisch waren. Wenn Sie für eine Gruppenarbeit, eine Diskussion oder ein Unterrichtsgespräch grundsätzlich mehr Zeit brauchen als veranschlagt, dann können Sie dies anhand Ihres Zeitplanes feststellen und entsprechend bei Ihren zukünftigen Planungen berücksichtigen.

Vortragstechniken[5]

Fallbeispiel „Referate"

Johanna sitzt in einem Seminar und fragt sich, warum sie so früh aufgestanden ist. Für das gerade laufende Referat hat es sich kaum gelohnt, dabei interessiert sie das aktuelle Thema sehr. Der vortragende Kommilitone steht mitten vor der Projektion einer PowerPoint-Präsentation, deren Folien einen grünen Hintergrund mit gelber Schrift aufweisen. Der Text, den sie um den Referenten herum lesen kann, scheint derselbe zu sein, den dieser von seinem Skript abliest. Zur Sicherheit schaut er sich in regelmäßigen Abständen um. Dabei bemerkt er, dass er ganz vergessen hat, die nächste Folie anzuklicken. Hastig stolpert er zum Notebook, murmelt dabei etwas Unver-ständliches und bedient ungeduldig mehrere Tasten, woraufhin mehrere Folien schnell nacheinander erscheinen wie in einem Daumenkino. Die gewünschte Folie scheint leider nicht dabei zu sein. Das Referat geht weiter, aber Johanna hört nicht mehr zu. Stattdessen erinnert sie sich an ihren ersten Vortrag, den sie schon in der Schulzeit halten musste. Sie war sehr aufgeregt und war sich während der Vorbereitung sehr unsicher. Was ist das Ziel des Vortrags, wie baue ich eine Präsentation auf und wie rede ich vor einer Gruppe, hatte Johanna sich gefragt. Mittlerweile hat sie darin viel Übung und weiß, wie sie gute Vorträge halten kann. Schließlich steht sie bald vor einer Klasse und es gilt, die Aufmerksamkeit der Schüler zu gewinnen.

---

5 Das Kapitel entstand unter Mitarbeit von Frau cand. Psych. Yvonne Kutzner.

Vielleicht kommt Ihnen die Schilderung im Fallbeispiel bekannt vor. Nicht nur während des Studiums, sondern auch als Lehrkraft gibt es unzählige Situationen, in denen das Thema „Vortragstechniken" relevant ist. So hören und halten Sie Vorträge und Referate während Ihres Studiums, Ihres Referendariats und im Rahmen von Fortbildungsveranstaltungen. Referate können auch als Prüfungsleistung eine Rolle spielen, wenn Sie beispielsweise einen Einstiegsvortrag halten. Nach Abschluss Ihres Studiums bleiben Vorträge weiterhin ein Thema, denn als Unterrichtsvorträge und -gespräche stellen Sie eine wichtige Unterrichtsmethode dar. Für Unterrichtsvorträge ist zentral, die Aufmerksamkeit der Schüler zu gewinnen und aufrechtzuerhalten. Hinzu kommt, dass Sie, abhängig von Fach und Altersstufe Ihrer Schüler, im Unterricht Wissen und Fertigkeiten für das Vortragen von Referaten vermitteln werden.

Wie kann der Referent aus obigem Beispiel seinen Vortrag gestalten, damit die Aufmerksamkeit seiner Zuhörer gefesselt wird?

Die folgende Übung gibt Ihnen Gelegenheit, aktiv in das Thema einzusteigen. Mithilfe des Analyseprotokolls können Sie einen Vortrag, den Sie in nächster Zeit hören werden oder vor kurzem gehört haben, analysieren und daraus Kriterien für gute Vorträge ableiten. Beobachten Sie ruhig mehrere Referenten oder Dozenten und vergleichen Sie diese miteinander. Durchleuchten Sie ihre Vorträge, indem Sie die Fragen aus dem Analyseprotokoll beantworten.

Analyseprotokoll für Vorträge:

- Um welchen Vortrag handelt es sich?
- Welche Medien verwendete der Referent (z.B Overheadprojektor, PowerPoint, Flip Chart)?
- Wurden zusätzliche Techniken verwendet?
- War der Einsatz der Medien unterstützend für das Verständnis des Vortrags? Warum (nicht)?
- Konnte ich dem Vortrag gut folgen? Warum (nicht)?

- Habe ich die Inhalte des Vortrags verstanden? Warum (nicht)?
- Was hat mir an dem Vortrag besonders gut gefallen? (Denn jeder Vortrag hat auch positive Elemente.)
- Was möchte ich für meine eigenen Vorträge übernehmen?
- Wie könnte der Vortrag optimiert werden? Was hätte ich vermutlich selbst anders gemacht?

Sie haben nun die Vortragstechnik anderer Referenten beobachtet und analysiert. Im zweiten Schritt geht es um Ihre eigenen Fähigkeiten und Fertigkeiten in Sachen Vortragstechniken.

Im Kontext der Thematik darf nicht außer Acht gelassen werden, dass Präsentationstechniken sich auch immer durch die Persönlichkeitsstruktur des Präsentierenden konstituieren. Ein Vortrag ist dann überzeugend, wenn der Vortragende Techniken beherrscht und anbringt – dies aber nicht auf Kosten seiner natürlichen Persönlichkeit! Insofern ist es stets wichtig, die eigene Person zu beleuchten, vor dem Hintergrund der Frage: Welche Vortragstechniken und -fertigkeiten sind speziell für meine Persönlichkeit geeignet?

Wenn Sie die Stärken und Schwächen Ihres Vortragsstils kennen, können Sie diesen gezielt verbessern.

Ihre derzeitige Vortragstechnik:

- Wie viele Vorträge habe ich schon gehalten?
- Habe ich bisher Vortragssituationen gezielt vermieden? Wenn ja, warum?
- Wie habe ich mich während der Vorträge gefühlt bzw. mit welchen Gefühlen denke ich daran zurück?
- Wie habe ich mich nach den Vorträgen gefühlt? Welche positiven Rückmeldungen, habe ich erhalten?

- Welche Aspekte sollte ich aus Sicht meiner Zuhörer noch verbessern?
- Welche Rückmeldung würde ich mir selbst geben? Was fand ich an meinem Vortrag gut, was könnte ich noch verbessern?

(aus Pabst-Weinschenk, 1996)

Nun können Sie ein Resümee aus den beiden vorangegangenen Übungen ziehen. Sie haben damit schon viel Denk- und Reflexionsarbeit geleistet. So können Sie sicherlich schon einige Kriterien guter Vorträge aus Ihren eigenen Erfahrungen benennen. Diese Ergebnisse können Sie mithilfe der nächsten Übung zusammenfassen.

Eigene Kriterien eines guten Vortrags:

- Welche Kriterien für gute Vorträge kann ich aus meinen bisherigen Erfahrungen/Beobachtungen ableiten?
- Welche Punkte sind mir bei einem Vortrag wichtig?

Außerdem sollten Sie, bevor Sie dieses Kapitel bearbeiten, festlegen, was Ihr Anliegen an dieses Kapitel ist, um einen möglichst großen Nutzen daraus zu ziehen.

Meine persönliche Fragestellung an dieses Kapitel:

- Welche Fragen habe ich zum Thema „Präsentation?"
- Was ist mein Ziel bezüglich dieses Kapitels?

Vorbereitung eines gelungenen Vortrags

Im Allgemeinen wird unter dem Begriff Vortrag, Referat oder auch Präsentation verstanden, dass Informationen und Inhalte einem Publikum vermittelt werden. Für den Erfolg eines Vortrags oder Referats ist daher entscheidend, ob die Zuhörer die Inhalte behalten können. Wie viele Informationen sich Personen im Allgemeinen merken können, hängt von der Art der Information ab.

Aus der folgenden Abbildung können Sie das Verhältnis zwischen Behaltensleistung und Art der Informationsvermittlung entnehmen.

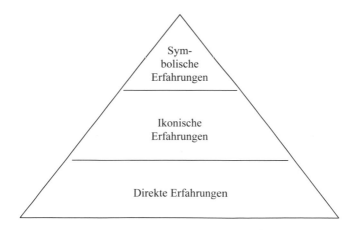

Abbildung 2: Erfahrungskegel nach Dale (1954)

Direkte Erfahrungen sind Handlungen, die Personen selbst ausführen. Mit ikonischen Erfahrungen sind Filme, Demonstrationen oder auch Bilder gemeint. Vorträge, Referate und andere verbale Darstellungsarten zählen zu den symbolischen Erfahrungen. Je spitzer das Dreieck wird, desto geringer ist die Behaltensleistung. Demnach ist das Behalten bei Vorträgen am niedrigsten und bei direkten Erfahrungen am höchsten. Dieselbe Aussage steckt auch in einem chinesisches Sprichwort: „Ich höre und vergesse. Ich sehe und behalte. Ich tue und verstehe."

Aus der Pyramide geht hervor, dass Sie die Behaltensleistungen erhöhen können, indem Sie die Inhalte Ihres Vortrags nicht nur verbal vermitteln sondern zusätzlich durch Bilder, Grafiken oder Filme visualisieren. Dadurch werden die Inhalte für die Zuhörer zu ikonischen Erfahrungen (siehe „Vorträge wirkungsvoll gestalten"). Optimaler Weise geben Sie Ihren Zuhörern zusätzlich die Gelegenheit, einige Inhalte des Vortrags selbst zu erfahren, z.B. durch kleine Übungen, die die Zuhörer involvieren. So stellt Faktenwissen zwar die Basis eines erfolgreichen Vortrags dar, das Geheimnis eines guten Vortrags geht aber darüber hinaus.

Allgemeine Hinweise zur Vortragsvorbereitung

An keiner Stelle können Sie so stark Einfluss auf das Gelingen des Vortrags nehmen wie während der Vorbereitung. Durch eine gründliche Vorbereitung haben Sie mehr Informationen und Detailwissen über das Thema. Dies kann auch zu größerer persönlicher Sicherheit im Auftreten führen.

Neben der inhaltlichen Einarbeitung in das Vortragsthema ist zusätzlich wichtig, dass Sie sich Gedanken über das Ziel und die Kernaussagen des Vortrags, die Zielgruppe und deren Erwartungen an den Vortrag, die Rahmenbedingungen und den Ablauf machen. Hierbei helfen die folgenden W-Fragen:

W-Fragen zur Vorbereitung eines wirkungsvollen Vortrags:

1. Was ist mein Ziel für den Vortrag?
2. Welche Zielaussage möchte ich vermitteln?

3. Welche Zielgruppe ist anwesend?
4. Was erwarten die Zuhörer von meinem Vortrag?
5. Welches Vorwissen, welche Auffassungen und Haltungen haben meine Zuhörer zu meinem Thema?
6. Worüber genau sollen die Zuhörer informiert werden?
7. Welche Rahmenbedingungen bestehen (z.B. Zeit, Dauer, Raum)?
8. Wie gestalte ich den Ablauf?

Die Formulierung eines *Ziels* und der Kernaussagen für Ihren Vortrag hilft Ihnen zum einen zu vermeiden, an den Zuhörern vorbei zu reden, und zum anderen die Informationen, die Sie vermitteln möchten, gezielt auszuwählen. Gehen Sie dabei nach dem Motto „weniger ist mehr" vor. Besonders während der Gliederung sollten Sie das Ziel des Vortrags (oder auch die Lernziele) im Auge behalten. Dabei können Sie sich das Vorgehen wie einen Trichter vorstellen. Der Vortrag wird vom Ziel aus geplant und strukturiert. Vom Ziel aus zu planen bedeutet, dass während des Vortrags nur Inhalte vorgestellt werden, die zum Verständnis der Zielaussagen führen. Das Ziel hilft Ihnen also, nur die relevanten Inhalte auszuwählen und nicht alles Mögliche über das Thema zu erzählen. Diese Inhalte werden dann so angeordnet, dass der Vortrag sich auf das angezielte Ergebnis wie auf eine Trichterspitze zuspitzt.

Da Sie den Vortrag für Ihre Zuhörer halten, ist es notwendig, diese bei der Vorbereitung im Blick zu behalten. Besonders wichtig ist das *Vorwissen* Ihrer Zuhörer. Im Schulalltag können Sie direkt Ihre Schüler befragen, oder es geben die Ergebnisse von Klassenarbeiten Aufschluss über bereits vorhandenes Wissen. Zusätzlich können Sie das vorhandene Vorwissen mit einem Quiz oder einer anderen schriftlichen Abfrageform direkt vor dem Vortrag in Erfahrung bringen und kurzfristig Schwerpunkte setzen. Durch die Berücksichtigung des Vorwissens können Sie einer Unter- oder Überforderung entgegenwirken, da Sie den Schwierigkeitsgrad an die Gruppe anpassen können. Ist schon

Vorwissen vorhanden, so ist es beispielsweise ausreichend, kurz auf die Grundlagen zu verweisen.

Darüber hinaus können Sie durch Abfragen oder ein Quiz das Interesse der Zuhörer wecken, bestehendes Vorwissen aktivieren und Informationen über das Interesse der Zielgruppe an dem Vortragsinhalt erhalten. Besteht wenig Interesse, können Sie zu Beginn des Vortrags die Relevanz des Themas für die Teilnehmer betonen und so die *Motivation* und Neugier der Gruppe wecken.

Auch die *Rahmenbedingungen* sind für den Vortrag bedeutsam, also beispielsweise Ort und Raum, erforderliche bzw. vorhandene Medien, Möglichkeiten der Sitzordnung oder vorgegebene Zeitbeschränkungen. Diese Gegebenheiten beeinflussen die Planung von Vortragsdauer, Pausen, Medien- und Methodenauswahl.

Die folgende Checkliste fasst alle für die Vorbereitung wichtigen Punkte noch einmal zusammen. Natürlich können Sie persönliche Aspekte ergänzen.

Vorbereitung eines Vortrags:

- Welches Thema hat der Vortrag?
- Was ist mein Ziel des Vortrags?
- Welches sind die Kernaussagen meines Vortrags?
- Welche Zielgruppe hat mein Vortrag?
- Über wie viel Vorwissen verfügen die Zuhörer?
- Inwiefern sind die Zuhörer an dem Thema interessiert?
- Wie kann ich die Aufmerksamkeit der Teilnehmer wecken und für das Thema interessieren?
- Welche Rahmenbedingungen liegen vor?
- Welche Medien sind erforderlich? Sind diese vorhanden?
- Welche Sitzordnung ist vorgegeben? Kann ich diese verändern?
- Welche Unterlagen benötige ich für die Teilnehmer?

Inhalt eines Vortrags

Nachdem Sie Ziel und Rahmen des Vortrags geklärt haben, geht es um die inhaltliche Vorbereitung, die in vier Stufen erfolgt: (1) Zunächst sammeln Sie den Stoff für Ihren Vortrag. (2) Anschließend selektieren Sie ihn im Hinblick auf das Ziel und reduzieren den Stoff auf die wesentlichen Aussagen/Fakten. Eine treffende Redewendung dazu lautet: „Ein guter Vortrag ist wie ein Tanga: knapp, anregend und das Wesentliche abdeckend." Wählen Sie also die Informationen aus, die für die Zielsetzung und die Zielgruppe mit ihrem Vorwissen und Interesse am aussagekräftigsten sind. Dabei können Sie sich das Bild eines Trichters vorstellen. (3) Im dritten Schritt werden die ausgewählten Inhalte in Ober- und Unterpunkte gegliedert. Beachten Sie hierzu die Tipps im folgenden Absatz zum Aufbau eines Vortrags. (4) Im letzten Schritt werden die Informationen in Form von Text, Grafiken, Diagrammen und Bildern aufbereitet. Hier sollte ihr oberstes Ziel sein, die Informationen so anschaulich wie möglich zu vermitteln. Arbeiten Sie also möglichst häufig mit Grafiken, Diagrammen und Bildern. An den Stellen, an denen Sie Text einsetzen müssen, sollten Sie knappe Formulierungen verwenden, die das von Ihnen Gesagte unterstreichen und schnell vom Leser erfasst werden können.

Inhaltliche Vorbereitung eines Vortrags:

1. Stoff sammeln;
2. Inhalte selektieren und reduzieren;
3. Inhalte strukturieren;
4. Inhalte visualisieren.

Aufbau eines Vortrags

Für den Aufbau eines Vortrags gibt es eine einfache Regel: "Tell the audience what you are going to say, say it, and then tell them what you have said" (American Psychological Association, 2001 p. 329). Klären Sie also zu Beginn, was Sie behandeln werden, tragen Sie dann die Inhalte vor und fassen Sie am Schluss die Kenraussagen Ihres Vortrags zusammen.

Die *Einleitung* soll die Aufmerksamkeit und das Interesse der Zuhörer wecken. Der Referent stellt sich vor und nimmt Kontakt zu den Zuhörern auf. Bevor Sie zu sprechen beginnen, stellen Sie Blickkontakt mit Ihrem Publikum her. Um die Zuhörer „abzuholen" und die Aufmerksamkeit auf das Vortragsthema zu lenken, können Sie sich auf ein gemeinsames Problem oder Ziel beziehen. Als Einführung in Thema und Ziel Ihres Vortrags können Sie z. B. eine Fragestellung, ein provokatives Statement, eine Anekdote, ein Zitat oder ein Bild einsetzen. Schließlich gilt es Neugierde und Aufmerksamkeit zu wecken. An diese Stelle passt auch die Frage nach Erfahrungen und Vorwissen der Zuhörer. Wenn Sie die Aufmerksamkeit des Publikums gefesselt haben, geben Sie einen Überblick über die Inhalte Ihres Vortrags. Machen Sie das Ziel Ihres Vortrags auch Ihren Zuhörern transparent und stellen Sie die Gliederung vor.

Im *Hauptteil* folgt die Vermittlung der ausgewählten Inhalte. Damit sich das Publikum besser orientieren kann, ist es hilfreich, jeden wichtigen Punkt in Form einer aussagekräftigen Überschrift anzukündigen und die wesentlichen Aussagen dazu am Ende zusammenzufassen, bevor Sie zum nächsten Punkt übergehen. Achten Sie auf eine strukturierte Darbietung der Informationen. Sie können sich an dem bereits erwähnten Trichtermodell orientieren. In welcher Reihenfolge müssen die Inhalte angeordnet sein, um quasi automatisch zu Ihren Kernaussagen zu leiten? Häufig ergibt sich auch ein Dreiklang, das heißt der Inhalt wird in drei Abschnitten vorgestellt, z. B. These, Antithese und Synthese.

Was Sie am *Ende* des Vortrags sagen, wird am besten behalten. Achten Sie hier darauf, sowohl den Vortrag abzurunden als auch den Inhalt und das Ergebnis prägnant zusammenzufassen. Verknüpfen Sie deshalb die zusammengefassten Inhalte noch einmal mit der Ausgangsfrage und ziehen Sie ein Fazit.

Aufbau eines Vortrags:

1. *Einleitung*
   - Kontakt aufnehmen,
   - Einführung und Interesse wecken,
   - Überblick geben.

2. *Hauptteil*
   - Vermittlung der Inhalte,
   - Über- und Unterpunkte anhand der Gliederung jeweils ankündigen.

3. *Schluss*
   - Kernpunkte zusammenfassen,
   - Fazit ziehen.

Gestaltung eines Vortrags

Vorträge versetzen den Zuhörer in eine passive Rolle. Dies trifft auch dann zu, wenn Sie an der Universität oder im Unterricht Lernstoff in einem Referat oder Unterrichtsvortrag vermitteln möchten. Lernen findet jedoch nur begrenzt durch bloßes Zuhören statt, denn es erfordert eine aktive Aufnahme und Verarbeitung der Inhalte (siehe Abbildung 2, S. 89). Die Wirkung von Vorträgen kann deshalb durch den Einsatz von Techniken, die

die Zuhörer aktivieren, erhöht werden (Silberman, 1998). So wird die Behaltensleistung erhöht und der Vortrag wirkungsvoller.

Vier Wege zu einem wirkungsvollen Vortrag:

1. Das Interesse der Teilnehmer gewinnen.
2. Das Verständnis der Teilnehmer maximieren.
3. Die Teilnehmer während des Vortrags einbinden.
4. Den Vortrag nachhaltig abschließen.

Wie bereits beschrieben, ist es während der Einleitung eines Vortrags wichtig, das *Interesse der Teilnehmer zu gewinnen.* Anstatt gleich nach der Begrüßung und Vorstellung inhaltlich in das Thema einzusteigen, sollten Sie einen persönlichen Bezug zwischen Zuhörern und Thema herstellen, um Neugier und Motivation zu erzeugen. Dies können Sie z. B. durch ein einführendes Rätsel oder ein Spiel erreichen, das eine Frage aufwirft, welche dann im Rahmen des Vortrags beantwortet wird. Als Einführung kann auch eine themenbezogene Geschichte dienen oder die Frage, was die Teilnehmer bereits über das Thema wissen. Sie können die Zuhörer auch vor ein Problem stellen, zu deren Lösung die Inhalte des Vortrags benötigt werden (siehe „Aufbau eines Vortrags", S. 95).

Die *Verstehens- und Behaltensleistung* der Zuhörer können Sie auch dadurch erhöhen, indem Sie dem Vortrag eine Zusammenfassung voranstellen und ihn mit einer Zusammenfassung abschließen. Auf diese Weise weiß der Zuhörer bereits zu Beginn des Vortrags, worauf der Präsentierende hinaus will, und kann die folgenden Aussagen besser einordnen. Während des Vortrags sollten Sie Beispiele aus Alltagssituationen der Zuhörer verwenden oder von ihnen selbst finden lassen. Sie können auch während des Vortrags Fragen an Ihre Zuhörer stellen. So *binden Sie die Teilnehmer ein* und bekommen eine Rückmeldung, inwiefern die Inhalte angekommen sind. Andere Möglichkeiten der Aktivierung während des Vortrags sind: kurze Quiz, Demonstrationen und Übungen. Oder regen Sie eine Diskussion an, gegebenenfalls indem Sie das Plenum aufteilen und kontroverse Standpunkte vertreten lassen. Weitere Anregungen und Tipps geben Perels, Schmitz und van de Loo (2007).

Es gibt viele Methoden, die dazu dienen, die Teilnehmer während des Vortrags zu aktivieren und einzubinden. Erinnern Sie sich an den letzten Vortrag, den Sie gehört oder selbst gehalten haben, zurück. Welche aktivierenden Methoden wurden dort eingesetzt?

Aktivierung der Teilnehmer:

- Welche Methoden waren in bisherigen (eigenen oder beobachteten) Vorträgen hilfreich für die Aktivierung der Teilnehmer?
- An welcher Stelle hätte ich mir eine Methode zur Aktivierung der Teilnehmer vorstellen können? Welche wäre das?
- Welche weiteren Methoden gibt es, um Teilnehmer in einen Vortrag mit einzubeziehen?

Es wurde bereits erläutert, dass zum *Abschluss* eines Vortrages eine Zusammenfassung und Fazit erfolgt. Eine aktivierende Art einen Vortrag zu beenden, bildet die Einladung zu einer „Pressekonferenz". Hier haben die Teilnehmer Gelegenheit, Fragen an die anderen Teilnehmer und den Vortragenden zu stellen. Bei dem Einsatz dieser Methode erhalten die Teilnehmer vorab Zeit zur Vorbereitung. Eine andere Möglichkeit besteht in einem „teilnehmenden Rückblick". Hier diskutieren die Teilnehmer die Inhalte untereinander, bevor der Vortragende zusammenfasst. Abschließend können Sie auch eine Fallstudie, die sich auf die Vortragsinhalte bezieht, bearbeiten oder ein Rätsel lösen lassen, das gegebenenfalls zu Beginn des Vortrags gestellt wurde.

Welche Methoden möchte ich in meinem nächsten Vortrag einsetzen, um …

- … das Interesse der Teilnehmer zu wecken?
- … das Verständnis der Teilnehmer zu maximieren?
- … die Teilnehmer während des Vortrags zu aktivieren?
- … den Vortrag nachhaltig abzuschließen?

Verwendung von Visualisierungshilfen

Mithilfe von Visualisierung (Veranschaulichung) können Sie die Wirkung Ihrer gesprochenen Worte unterstreichen. Texte, Diagramme, Bilder, Grafiken und Abbildungen veranschaulichen Vortragsinhalte. Durch diese Hilfen lassen sich komplexe Sachverhalte verständlicher darstellen. Darüber hinaus erleichtern Sie die inhaltliche Orientierung, die Aufrecherhaltung der Aufmerksamkeit und das Behalten Ihrer Zuhörer.

Gliedern Sie Ihre Folien, Poster oder andere Visualisierungshilfen mit Überschriften und Zwischenüberschriften, die knapp und schlagwortartig formuliert sind. Fügen Sie keine ganzen Sätze ein, sondern verwenden Sie möglichst knappe Stichpunkte. Auf einer PowerPoint-Folie sollten sich nicht mehr als 20–25 Wörter befinden, um deren Lesbarkeit zu erleichtern. Eine Ausnahme sind Zitate, die vollständig dargestellt und zusätzlich vorgelesen werden sollten.

Ihre Zuhörer können Inhalte schneller identifizieren, wenn Sie optische Blöcke bilden. Dazu können Sie auch Farben benutzen. Gleiche Farben und Formen weisen auf einen Zusammenhang bzw. eine Zusammengehörigkeit hin. Seien Sie jedoch sparsam und verwenden Sie nicht mehr als drei Farben pro Darstellung. Gestalten Sie insgesamt ein einheitliches Layout, indem Sie Farben, Formen und Symbole als Bedeutungsträger einheitlich einsetzen. Ähnliches gilt für die Schriftgestaltung. Setzen Sie Hervorhebungen (z.B. fett oder kursiv) zurückhaltend ein und beschränken Sie sich auf maximal drei verschiedene Schriftgrößen. Bei PowerPoint-Folien sollte die Schrift ohne Anstrengung aus fünf Metern Entfernung lesbar sein. Das bedeutet eine Schriftgröße von mindestens 18 pt.

Vermeiden Sie es, Listen, Tabellen und sonstige Diagramme zu übernehmen, sondern erstellen Sie diese möglichst bedarfsorientiert. Auf diese Weise gehen daraus eindeutig die Informationen hervor, auf die Sie hinweisen möchten. Außerdem finden Sie sich in einem selbst erstellten Diagramm leichter zurecht.

Neben PC und PowerPoint können Sie als weitere Medien zur Visualisierung nutzen:

- Flip Chart,
- Overheadprojektor,
- Tafel,
- Handouts.

Mit Flip Charts können Sie Plakate erstellen, die Sie im Raum aufhängen können. Deren Einsatz ist sinnvoll, wenn Informationen den ganzen Vortrag über sichtbar bleiben sollen, beispielsweise der Vortragsablauf oder die Ergebnisse von vorausgehenden Arbeiten. Achten Sie insbesondere bei Ihrer Handschrift auf folgende Punkte:

- sparsame Ober- und Unterlängen zu verwenden,
- eine schnörkellose Druckschrift zu benutzen und
- mit der breiten Seite des Filzstiftes zu schreiben.

Per Overheadprojektor und Folien können Sie während Ihres Vortrages mitschreiben und die Folien anschließend als Kopiervorlage benutzen. Im Gegensatz zu Flip Charts lassen sich Folien nicht aufhängen und die Informationen sind beim Einsatz einer neuen Folie nicht mehr sichtbar.

In Form eines Handouts geben Sie den Zuhörern eine kurze Übersicht über den Vortrag. Es sollte dem Aufbau des Vortrags folgen. Achten Sie darauf, dass das Handout alle wichtigen Schlüsselwörter des Themas enthält, aber nicht identisch mit

Ihrem gesprochenen Vortrag ist. Hilfreich ist es für Ihre Zuhörer auch, wenn Sie etwas Raum für Notizen lassen.

Überlegen Sie sich vorher den Ausgabezeitpunkt. Wenn Sie das Handout vor dem Vortrag ausgeben, können die Teilnehmer ihre Notizen direkt auf das Handout schreiben. Es kann aber auch dazu führen, dass die (ungeduldigen) Teilnehmer bereits vorblättern und vom eigentlichen Vortrag abgelenkt werden. Dieses Problem entfällt, wenn Sie das Handout am Ende austeilen. Hier gibt es kein „richtig" oder „falsch", das angemessene Vorgehen hängt vom Ziel und Aufbau Ihres Vortrags sowie den Zuhörern ab.

Anhand der folgenden Fragen können Sie mögliche Fehlerquellen entdecken und überlegen, welche Tipps sie bereits umsetzen oder zukünftig umsetzen möchten:

Fehlerquellen und Tipps der Visualisierung:

- Welche Stolpersteine oder Fehlerquellen gibt es bei der Gestaltung und dem Einsatz von Medien?
- Welche Fehler sind mir bereits unterlaufen bzw. was fiel mir schwer?
- Welche Schwierigkeiten sind mir bei anderen Referenten aufgefallen?
- Welche positiven Beispiele konnte ich beobachten?
- Was habe ich selbst schon erfolgreich eingesetzt?
- Was würde ich gern mal ausprobieren?

Rhetorik und Körpersprache

Für Zuhörer ist es angenehm, wenn der Vortragende frei spricht. Einem abgelesenem Vortrag zu folgen ist anstrengender, denn beim Ablesen verwendet der Referent normalerweise komplexere Sätze und spricht eher monoton und schnell. Die Ausnahme sind

Zahlen und Zitate, die wörtlich bzw. exakt wiedergegeben werden. Die Verwendung von kurzen einfachen Sätzen und der Verzicht auf Fremdwörter machen das Zuhören zusätzlich angenehmer.

Sie erleichtern sich das freie Sprechen, indem Sie die Struktur Ihres Vortrags verinnerlichen und Karteikarten mit den wichtigsten Stichworten vorbereiten. So haben Sie immer im Blick, wo Sie gerade sind und was als nächstes kommt. Um sich einen guten Start und eine pointiertes Ende des Vortrags zu sichern, bereiten Sie die ersten und letzten Sätze des Vortrags besonders gut vor. Es gibt Ihnen Sicherheit, wenn Sie den Vortrag mehrmals proben und üben.

Stimmen Sie Ihr Vokabular auf die Zielgruppe ab und achten Sie darauf, langsam und deutlich in einer angemessenen Lautstärke zu sprechen. Wiederholungen, unvollständige Sätze oder Redundanzen fallen weniger auf, als Sie denken. Im Gegenteil: Sie verschaffen dem Zuhörer eine kleine Pause und die Möglichkeit das Gesagte zu verarbeiten. Machen Sie immer wieder kurze Sprechpausen, in denen Sie Blickkontakt mit den Zuhörern herstellen. Das hilft Ihnen, den Überblick zu behalten und wird von den Zuhörern ebenfalls als angenehm erlebt. Falls Sie den roten Faden verlieren, fassen Sie den aktuellen Punkt noch einmal zusammen und wiederholen Sie kurz. Nur Sie wissen, warum Sie in diesem Augenblick eine Zwischenzusammenfassung machen oder eine Pause, um auf das Redeskript bzw. Ihre Karteikarten zu schauen.

Vielleicht kennen Sie das Gefühl, vor allem zu Beginn eines Vortrags nicht so recht zu wissen, wohin mit den Händen und wo am besten stehen. Bewegen Sie sich als Vortragender nicht zu viel. Herumlaufen und übertriebene Bewegung wirken für die Zuhörer eher anstrengend. Wenn Ihnen Ihre Hände „im Weg" sind, können Sie einen Stift in die Hand nehmen. Stehen Sie aufrecht und entspannt, die Füße etwa hüftbreit auseinander. Lächeln Sie nur dann, wenn Ihnen danach zumute ist, ansonsten gelingt meist nur ein Verlegenheitslächeln. Üben Sie keine besonderen Gesten ein, diese wirken meist unnatürlich. Wenn Sie natürliche Gesten integrieren möchten, winkeln Sie im Stehen einen Arm an und lassen Sie den anderen Arm locker herunterhängen. Sie werden feststellen, dass Sie so automatisch beginnen, Ihren Vortrag mit Gesten zu unterstreichen.

Achten Sie darauf, Blickkontakt mit den Zuhörern zu halten und nicht auf den Boden oder aus dem Fenster zu schauen. Falls Sie unsicher sind, können Sie sich besonders interessierte und freundliche Zuhörer heraussuchen. Bedenken Sie auch, dass manche Menschen ein etwas grimmiges Gesicht machen, wenn sie besonders konzentriert sind.

Rhetorik und Körpersprache:

- Verwenden Sie kurze und einfache Sätze.
- Erklären Sie den Zuhörern unbekannte Fremdworte oder vermeiden Sie diese.
- Stimmen Sie Ihr Vokabular auf die Zielgruppe ab.
- Üben Sie insbesondere Eröffnungs- und Schlussworte ein.
- Sprechen Sie langsam und deutlich in angemessener Lautstärke.
- Machen Sie Pausen und stellen Sie Blickkontakt her.
- Unterlassen Sie übertriebene Bewegungen und üben Sie KEINE Gesten ein. – Bleiben Sie natürlich.

Analyse eines Vortrags

Zu Beginn des Kapitels haben Sie Vorträge analysiert, die Sie selbst gehalten oder bei anderen beobachtet haben. An dieser Stelle konnten Sie überlegen, was Ihnen gut gefiel und was verbessert werden kann. Sie haben sich auch überlegt, welche Kriterien ein guter Vortrag erfüllen muss. Sie können diese Listen nun stetig mit neuen Notizen ergänzen und immer mal wieder Vorträge anhand der Analyseprotokolle beobachten. Mit zunehmender Routine werden Sie immer wieder neue Aspekte fokussieren und so auch Ihren eigenen Vortragsstil immer mehr verfeinern.

Vermittlung von Vortragstechniken im Unterricht

Referate und Vorträge haben eine große Bedeutung in Studium und Beruf. Daher ist es vorteilhaft, wenn Schüler so früh wie möglich selbst Vorträge halten. Ihre Schüler profitieren also davon, wenn Sie ihnen Gelegenheit geben, bereits in der Schulzeit Erfahrungen mit Referaten und Vorträgen zu sammeln.

Die Schüler sollen zunächst lernen, wie sie einen guten Vortrag vorbereiten und halten können, bevor Sie mit der Übung von Vortragssequenzen starten. Die vorgestellten Tipps und Strategien zu Vorbereitung und Aufbau eines Vortrags können Sie auch Ihren Schülern vermitteln bzw. gemeinsam mit diesen erarbeiten. Verwenden Sie hierzu die angeführten Aufgaben und Checklisten oder zeigen Sie Filmbeiträge von gelungenen und misslungenen Vorträgen und lassen Sie die Schüler erarbeiten, was wichtige Kriterien sind.

Die beste Form, Vortragstechniken im Unterricht zu üben besteht darin, die Schüler Vorträge und Referate halten zu lassen. Damit bereiten Sie Ihre Schüler nicht nur auf die Anforderungen in Studium und Beruf vor, Sie verbessern darüber hinaus die Behaltensleistung der in dem Vortrag dargestellten Inhalte, denn diese ist bei der direkten Erfahrungen des Lernstoffs am größten (siehe Abbildung 2, S. 89).

Wichtig ist, dass Ihre Schüler nach jedem Vortrag ein konstruktives Feedback – von Ihnen und gegebenenfalls auch von ihren Mitschülern – erhalten, sodass sie genau wissen, welche Verhaltensweisen sie beibehalten können und woran sie noch arbeiten müssen.

Vielen fällt es schwer vor Gruppen zu sprechen, daher ist es sinnvoll, den Schülern diese Scheu zu nehmen. Dies gelingt beispielsweise durch den regelmäßigen Einsatz von Diskussionen und Rollenspielen. Diese bieten den Schülern kurze und in der Regel unbenotete Übungssequenzen, die wenig Leistungsdruck erzeugen. Auf diese Weise kann die Scheu, vor Gruppen zu sprechen abgebaut werden und eine Gewöhnung an die Vortragssituation erfolgen. Beginnen Sie möglichst früh damit, Vorträge zu üben. In den unteren Klassenstufen können die Vorträge sehr kurz sein, beispielsweise 5 Minuten. Hilfreich ist es, wenn Sie einerseits als Vorbild fungieren und andererseits Ihren Schülern Strategien für die Vorbereitung und das Halten von Vorträgen an die Hand geben. Die Schüler werden anfangs sicherlich nicht alle Punkte berücksichtigen können, weshalb es hilfreich ist, zunächst die zentralen Punkte hervorzuheben (z.B. „Wie baue ich einen Vortrag auf?") und mit der Zeit Details hinzufügen (z.B. „Welche Aspekte kann ich bei der Visualisierung meines Vortrags beachten?"). So ermöglichen Sie Ihren Schülern bereits früh vielfältige Übungsmöglichkeiten für spätere Vorträge, Referate und Präsentationen.

Bei Schülern ist es besonders wichtig, dass sie sich über die Bedingung von Präsentationstechniken durch die eigene Persönlichkeitsstruktur bewusst werden. Sie als Lehrender sollten vermitteln, dass nicht jedes Verfahren, nicht jede Technik einheitlich auf jeden Schüler passt, sondern dass jeder Schüler durch Übung, Austestung und Erfahrung seinen ihm eigenen Präsentationsstil ermitteln muss. Einem stillen, introvertierten Schüler wird der Ratschlag, von Zeit und Zeit kleine Pointen in seinen Vortrag einzubauen, zunächst nichts nützen, weil er in seinem Wesen nicht die Veranlagung zu einer solchen Umsetzung hat und ihn ein solcher Tipp nur verwirrt. Gleichzeitig aber macht es sicherlich Sinn, dem „Spaßmacher" der Klasse den Hinweis zu geben, sein komisches Talent effektiv, aber maßvoll zu nutzen, um ein Thema ab und an aufzulockern und die Zuhörer nachhaltiger zu fesseln.

Sie sollten daher eine hohe Sensibilität und Flexibilität entwickeln, um sich bewusst darüber zu sein, dass eine Strategie und ihr Erfolg auch immer von sowohl internen Kriterien wie z.B.

Charakter, Vorwissen, Altersstufe des Schülers als auch externen Faktoren wie z.B. Fach, Klassenstufe, Mitschülerschaft abhängt.

Persönlichkeitsmerkmale der Schüler wahrnehmen:

- Welche Arten von Kriterien kenne ich?
- Kann ich diese nach bestimmten Kriterien kategorisieren?
- Welche verschiedenen Schülertypen sind Teil meiner Klasse (der Schüchterne, der Introvertierte, der Nervöse, der Gelassene, der „Spaß-Macher", der Extrovertierte etc.)?
- Welche Techniken sollten mit welchem Charaktertyp verknüpft werden, um effektiv eingesetzt werden zu können?

Umgang mit Bewertungsängsten und hinderlichen Gefühlen[6]

Fallbeispiele „Ärger" und „Prüfungsangst"

Sebastian hat sich gerade an seinen Schreibtisch gesetzt. Nach der Mittagspause und einem Spaziergang fühlt er sich ausgeruht und erfrischt. Er möchte den kommenden Unterrichtsbesuch vorbereiten. Dazu hat er schon allerhand Materialien herbeigeholt. Doch während der Vorbereitung muss er immer wieder an seinen letzten Unterrichtsbesuch denken. Bei diesem Gedanken ärgert sich Sebastian immer noch. Die negative Rückmeldung seines Mentors war aus seiner Sicht völlig ungerechtfertigt Vor lauter Ärger kann Sebastian sich gar nicht richtig auf seine Stundenvorbereitung konzentrieren. Immer wieder schweifen seine Gedanken zu dem letzten Unterrichtsbesuch ab. Inzwischen hat sein Ärger seine anfängliche Motivation völlig aufgelöst. „Der wird mich doch eh wieder schlecht bewerten, ega,l was ich mache!", denkt er. Eine Stunde sitzt er jetzt schon am Schreibtisch und hat noch nichts zustande gebracht.

Vielleicht kennen Sie eine ähnliche Situation aus Ihrem Alltag. Sie sitzen am Schreibtisch und wollen Ihre Aufgaben erledigen, aber Ihre Gedanken beschäftigen sich mit ganz anderen Dingen und verursachen Gefühle, die Sie bei der Aufgabenbearbeitung stören. Ängste, Ärger, Traurigkeit oder Langeweile hindern Sie daran, sich auf das aktuelle Thema zu konzentrieren und torpedieren Ihre Motivation.

---

6 Dieses Kapitel entstand unter Mitarbeit von cand. Psych. Yvonne Kutzner.

Dabei sind es in der Regel die negativen Emotionen[7], die sich ungünstig auf unser Arbeitsverhalten auswirken. Im Falle von positiven Emotionen wie Zufriedenheit, Optimismus oder Vorfreude geht das Arbeiten meist leichter von der Hand – sie fördern die Motivation. Doch auch positive Emotionen können negative Auswirkungen haben, wenn sie sehr extrem ausgeprägt sind oder sich auf etwas anderes als die Lernsituation beziehen (z. B. Verliebtheit, Vorfreude auf einen Urlaub). Dann steht nicht mehr genügend Aufmerksamkeit für die Bearbeitung der Aufgabe zur Verfügung. Gefühle von hoher Intensität behindern also unabhängig von ihrer Wertigkeit den Arbeitsprozess.

Ein Spezialfall störender Emotionen sind Bewertungsängste. Auch diese werden mit einem Fallbeispiel veranschaulicht:

An der Tür der Prüfungskommission hängt ein Schild, auf dem steht „Prüfung! Bitte nicht stören!" Auf einem der Stühle für die wartenden Prüflinge sitzt Sonia. Sie rutscht nervös auf ihrem Stuhl hin und her. Ihr Kopf fühlt sich völlig leer an, sie fühlt, wie ihr Herz immer schneller schlägt. Sie kann kaum noch schlucken, weil ihr Hals so trocken ist. Die Hände schwitzen dafür umso mehr. „Wenn der Prüfer mich so sieht, denkt er doch gleich, dass ich nichts kann", kommt es Sonia in den Kopf, „Das schaffe ich nie." Am liebsten würde Sonia aufstehen und nach Hause flüchten. Letztes Semester hat sie das auch gemacht. Aber dieses Mal gibt es kein Zurück, ihr Studium steht auf dem Spiel. Die Regelstudienzeit ist überschritten und ihre Eltern drohen damit, sie nicht mehr finanziell zu unterstützen, wenn sie nicht endlich ihr erstes Staatsexamen absolviert. Wochenlang mühte Sonia sich den Prüfungsstoff in den Kopf zu bekommen. Dabei kreisten ihre Gedanken immer wieder um die Folgen eines Versagens. Seit einer Woche schläft sie nicht mehr richtig und wacht morgens völlig gerädert auf. Jetzt geht der nächste Prüfling in den Prüfungsraum, danach ist Sonia dran. „Wie soll ich das denn schaffen?", denkt sie sich.

---

7 Im Folgenden werden die Begriffe „Emotion" und „Gefühl" wie im alltäglichen Sprachgebrauch synonym benutzt.

Sonia leidet unter sehr starker Angst vor der anstehenden Prüfung, was dazu führt, dass sie sich unablässig Gedanken um ihr mögliches Versagen und dessen Folgen macht. Solche oder ähnliche Situationen kennen Sie möglicherweise aus Ihrer eigenen Erfahrung in Schule, Studium oder Beruf. Vielleicht kommt Ihnen das eine oder andere Symptom wie Herzklopfen, das mulmige Gefühl in der Magengegend oder die hartnäckigen Gedanken an das Schiefgehen einer Prüfung auch bekannt vor.

Dabei können solche Ängste und die damit verbundenen Anzeichen unterschiedlich stark auftreten. Ein mittleres Aufregungsniveau vor einer Prüfung ist normal, es fördert sogar die Leistungsfähigkeit. Denken Sie z. B. an Sportler, die während eines Wettkampfs über sich hinaus wachsen und neue Bestleistungen erreichen. Wenn jedoch die Angst und die damit verbundene Aufregung vor einer Leistungssituation wie im oben beschriebenen Fallbeispiel überhand nehmen, ist es wichtig Gegenmaßnahmen zu ergreifen, da die Angst in dem Fall die Leistungsfähigkeit stark vermindert.

Zusammengefasst kann also gesagt werden, dass Emotionen und die damit einhergehenden Gedanken die Aufmerksamkeit sowie die Motivation entscheidend beeinflussen. Daraus folgt, dass eine erfolgreiche Aufgabenbewältigung auch von der Fähigkeit abhängt, die eigenen Gefühle regulieren zu können. Dabei ist es unerheblich, ob die Gefühle durch die Arbeitssituation selbst oder durch ein völlig anderes Ereignis ausgelöst wurden.

Dieses Kapitel zeigt Ihnen Tipps und Techniken, die Sie zur Bewältigung störender Emotionen nutzen können. Hinweise, wie Strategien zur Regulation von Gefühlen im Unterricht vermittelt werden können, schließen das Kapitel ab.

Diese kurze Einführung in das Thema hat bei Ihnen möglicher Weise bestimmte Erwartungen oder Fragen hervorgerufen. Damit Sie in besonderem Maße von diesem Kapitel profitieren können, ist es hilfreich, wenn Sie sich diese bewusst machen und Ihr persönliches Anliegen zu diesen Themen formulieren.

Meine persönliche Fragestellung an dieses Kapitel:

- Wie gehe ich derzeit mit hinderlichen Gefühlen oder Bewertungsängsten um?
- Was möchte ich darüber erfahren?
- Welche Anliegen, Ziele und Fragen möchte ich mithilfe dieses Kapitels bearbeiten?

Bewältigung hinderlicher Gefühle

Durch die gezielte Veränderung Ihrer Gefühle können Sie verhindern, dass sich vorhandene Emotionen negativ auf Ihre Leistungsfähigkeit auswirken. Dies nennt man Regulation von Gefühlen oder auch Emotionsregulation. Im besten Falle hat eine gelungene Emotionsregulation folgende Auswirkungen:

- Der unerwünschte negative Einfluss von Emotionen auf das Verhalten und Erleben wird begrenzt,
- das subjektive Wohlbefinden wird gesteigert und
- die psychische und physische Gesundheit werden erhalten.

Sie haben sicherlich auch schon Erfahrungen mit der Regulation von Gefühlen gesammelt.

Mein persönlicher Umgang mit Emotionen:

- Was habe ich bisher unternommen, um meine Gefühle zu regulieren? Was tue ich beispielsweise, um Aufregung oder Sorgen während der Arbeitsphase zu mindern? Welche Strategien waren erfolgreich?
- Was würde ich Sebastian aus dem Fallsbeispiel raten, damit er seine Arbeit fortführen kann?

Es kann zwischen kurzfristigen und langfristigen Regulations-strategien unterschieden werden. Bei den kurzfristigen Ansätzen handelt sich um Strategien, die Sie direkt in der kritischen Situation anwenden können. Darüber hinaus gibt es hilfreiche Strategien, die Sie generell außerhalb der akuten Situation einsetzen können und so der Entstehung von hinderlichen Gefühlen vorbeugen. Von diesen Strategien eignen sich einige besonders zur Bewältigung von Bewertungsängsten (siehe Kasten). Der Fokus liegt dabei vor allem auf der Bewältigung der Aufgeregtheit und der Besorgtheit, die mit Bewertungsängsten einhergehen.

Strategien zur Regulation von Gefühlen:

Kurzfristig einsetzbare Strategien
Strategien zur Kontrolle der Besorgtheit:
- Gedankenstopp und positive Umformulierung;
- Selbstbestärkung und positive Selbstgespräche.

Strategien zur Kontrolle der Aufgeregtheit:
- Ankern;
- Gesichts- und Körperausdrucksübungen.

Langfristig einsetzbare Strategien
- Bewegung;
- Entspannungsverfahren.

Im Folgenden werden diese Strategien näher erläutert und mithilfe von Übungen veranschaulicht und vertieft.

Da auch einige Strategien und Techniken aus den Kapiteln „Selbstregulation im Beruf und beim Lernen" sowie dem Kapitel „Lernstrategien" bei der Regulation von hinderlichen Gefühlen und Gedanken hilfreich sind, werden diese im folgenden Abschnitt kurz angesprochen.

Strategien zur Emotionsregulation

Ein wichtiges Mittel, um hinderlichen Gefühlen und Gedanken entgegenzuwirken, ist eine realistische *Zielsetzung*. Wenn Sie sich Ziele setzen, die den SMART-Kriterien (siehe erstes Kapitel „Selbstregulation im Beruf und beim Lernen") entsprechen, werden Sie mit großer Wahrscheinlichkeit auch Ihr Ziel erreichen und Sie können negative Emotionen erfolgreich vermeiden. Wenn Sie sich außerdem Ihre *Zeit sinnvoll* und auch *realistisch einteilen* können Sie verhindern, dass Sie sich gestresst fühlen. Denn insbesondere unter Zeitdruck treten häufig negative Emotionen wie Angst und Ärger auf. Gelingt es Ihnen, eine *positive Einstellung* gegenüber der Aufgabe zu gewinnen, indem Sie sie beispielsweise als Herausforderung definieren und etwas Interessantes daran entdecken, dann haben negative Gedanken und Gefühle keine Chance. Es ist förderlich, *günstige äußere und innere Bedingungen* zu schaffen. Versuchen Sie an Ihrem Arbeitsplatz – besonders zu Hause – Störquellen auszuschalten, die Ihnen den Start und das Dranbleiben an Ihren Aufgaben erschweren, und optimieren Sie außerdem den Umgang mit Ablenkern.

Auch für die Bewältigung von Bewertungsängsten sind die Kapitel „Selbstregulation im Beruf und beim Lernen" und „Lernstrategien" hilfreich. Hier wird beschrieben, wie Sie sich inhaltlich auf eine Bewertungssituation – besonders im Falle einer Prüfung – gut *vorbereiten* können. Diese Tipps helfen Ihnen, Ihre Lernzeit besser zu planen und effektiv zu nutzen. Wenn Sie sich gut vorbereitet und gewappnet für die Situation fühlen, haben Sie weniger Anlass zu negativen Gefühlen, Sorgen und Ängsten.

Kurzfristig wirkende Strategien

Die folgenden Strategien helfen Ihnen dabei, störende Emotionen und Gedanken unmittelbar dann zu regulieren, wenn sie auftreten.

Gedankenstopp und positive Umformulierung

Gedanken, die nichts mit der aktuell zu erledigenden Aufgabe zu tun haben, sondern z. B. um die eigene Versagensangst oder ganz andere Themen kreisen und ungewollt im Kopf herumgehen, behindern konzentriertes Arbeiten. Diese Störquelle können Sie mithilfe der Methode *Gedankenstopp* unterbrechen und beenden.

Im ersten Schritt spüren Sie die störenden Emotionen und damit verbundenen Gedanken auf und unterbrechen diese in einem zweiten Schritt aktiv, indem Sie laut oder leise zu sich selbst „Stopp!" sagen. Dazu können Sie sich zwicken oder mit den Fingern schnipsen. Sie könnten sich zur Unterstützung auch einen Zettel mit einem Stopp-Schild malen und diesen an einen gut sichtbaren Platz hängen. Wenn Sie möchten, können Sie die störenden Gedanken durch eine *Umbewertung* in förderliche verwandeln. Wenn Sie sich beispielsweise Sorgen über das Ergebnis eines Unterrichtsbesuchs machen, könnten Sie sich stattdessen sagen: „Der Unterrichtsbesuch bietet für mich eine Gelegenheit zu lernen und mein Verbesserungspotential zu entdecken." *Gedankenstopp* und *positive Umformulierung* sind sehr wirkungsvolle und einfach anzuwendende Methoden. Sie bedürfen jedoch einiger Übung, bevor sie ihre volle Wirkung entfalten können. Beim Üben können Sie auch verschiedene Varianten ausprobieren und die für Sie passende suchen. Je mehr Übung Sie haben, desto besser wird diese Strategie bei Ihnen funktionieren. Sie können diese Strategie besonders gut bei der Bewältigung von Bewertungsängsten einsetzen. Während der Vorbereitung, direkt vor einer Bewertungssituation und sogar während einer Prüfung können Sie auf diese Weise Ihre entmutigenden Gedanken unterbrechen und entkräften.

Gedankenstopp und positive Umformulierung:

Wenn Sie negative Gefühle und damit verbundene Gedanken beschäftigen, die Sie an der Arbeit hindern, ist es hilfreich, diese

1. zu *identifizieren* und explizit zu benennen,
2. zu *unterbrechen* mit einem Stopp-Signal und
3. durch eine Umbewertung in positive Gedanken *umzuwandeln*.

Eine weitere Form mit hinderlichen Gedanken umzugehen ist das Terminieren von Problemen.

Verabreden Sie sich mit Ihren Problemen:

Wenn Sie bemerken, dass Ihnen ein Problem im Kopf herum geht und Sie von Ihrer aktuellen Tätigkeit ablenkt, notieren Sie das Problem. Machen Sie mit sich selbst einen Termin aus, an dem Sie Zeit haben, darüber nachzudenken. Versichern Sie sich jedoch, dass Sie diesen Termin ernst nehmen werden. Haben Sie mit dem Problem einen Termin verabredet, werden Sie sich wieder besser auf Ihre ursprüngliche Aufgabe konzentrieren können.

Selbstbestärkung und positive Selbstgespräche

Viele Menschen sprechen laut zu sich selbst, wenn Sie sich unbeobachtet fühlen. Wenn Sie sehr konzentriert mit etwas beschäftigt sind, haben Sie vielleicht auch schon einmal durch inneres oder halblautes Sprechen die Aufgabenbearbeitung begleitet. Bei der *Selbstbestärkung* geht es darum, diese Selbstgespräche unterstützend einzusetzen. Reden Sie sich positiv zu, in Gedanken oder – wenn es möglich ist – sogar laut. Besonders bei der Bewältigung von Bewertungsängsten ist diese Strategie gut einsetzbar. Vor einer Prüfung könnte so ein Satz etwa lauten: „Das habe ich zu Hause gut verstanden, also kann ich das jetzt auch herleiten." Vor einem Unterrichtsbesuch könnten Sie sich beispielsweise sagen: „Ich habe schon mehrere gelungene Unterrichtsstunden mit dieser Klasse durchgeführt, das ist dieselbe Klasse wie sonst auch." Finden Sie Ihre persönlichen Gedanken, die Ihnen helfen, sich zu beruhigen. Sie sollten sich solche bestärkenden Sätze bereits während der Vorbereitung überlegen, auf einen Zettel schreiben und dann in der kritischen Situation diesen Zettel zur Hand nehmen. Die folgende Übung leitet zu konstruktiven, unterstützenden und ermutigenden Selbstinstruktionen an.

Positive Selbstgespräche:

Notieren Sie die negativen Selbstgespräche, indem Sie sich an die inneren Dialoge über Ihre Sorgen und Befürchtungen erinnern. Entwickeln Sie dann eine positive und hilfreiche Alternative, wie z. B.:

Negative Aussage	*Positive Aussage (umgewandelt)*
Die Prüfung werde ich nie schaffen.	Ich bin gut vorbereitet und werde Erfolg haben.

Negative Aussage	Positive Aussage (umgewandelt)
Ich bin für das Lehren unbegabt.	Schritt für Schritt werde ich mich in den Lehrberuf einfinden.

Ankern

Wichtige Erfahrungen bleiben für das ganze Leben im Gedächtnis gespeichert. Wenn Menschen mit irgendetwas, das sie an diese damalige Erfahrung erinnert, konfrontiert werden, kann das längst vergessene Gefühl ganz plötzlich und reflexartig wieder auftreten. Vielleicht kennen Sie das von bestimmten Gerüchen oder Liedern, die Sie mit Ihrer Kindheit verbinden: Sobald Sie diesen Geruch riechen oder diese Melodie hören, denken Sie an eine bestimmte Zeit oder einen bestimmten Moment in Ihrer Kindheit zurück. Positive Erfahrungen und Erfolgserlebnisse und die damit verbundenen Gefühle können für die Bewältigung von Bewertungsängsten und besonders der Aufgeregtheit genutzt werden. Dies geschieht über das *Ankern*. Auf diese Weise können positive Erinnerung und die damit verbundenen Gefühle willentlich ausgelöst werden. Dafür ist ein Hinweisreiz erforderlich, der absichtlich und einfach ausgelöst werden kann. Es hat sich bewährt, hierfür einen Berührungsreiz zu verwenden. Da der Berührungsreiz mit den positiven Erinnerungen verknüpft wird, die in der Folge die positiven Emotionen hervorrufen, wird er als *Anker* bezeichnet. Die Methode des Ankerns ist im Folgenden beschrieben. Wenn Sie der Aufgeregtheit entkommen möchten, haben Sie nun die Möglichkeit, sich durch den Berührungsreiz in eine günstige innere Verfassung zu versetzen.

Ankern:

- Erinnern Sie sich an eine beliebige Situation, in der Sie sich kompetent und gut gefühlt haben. Nehmen Sie sich einige Minuten Zeit, an diese Episode zu denken.
- Nachdem Sie ein Erlebnis ausgewählt haben, entspannen Sie sich. Setzen Sie sich bequem hin und schließen Sie die Augen. Atmen Sie einige Male tief ein und aus.
- Atmen Sie ruhig und stellen Sie sich die Erfolgssituation bildlich vor. Wo befinden Sie sich? Wie sieht es dort aus? Wer ist noch bei Ihnen? Was genau machen Sie?
- Wenn Sie das Bild möglichst detailliert vor Ihrem inneren Auge sehen, drücken Sie mit Ihrer rechten Hand leicht auf den Rücken Ihrer linken Hand. Legen Sie die rechte Hand wieder zurück auf den Oberschenkel.
- Achten Sie nun auf die Geräusche in der Szene. Sagen Sie sich innerlich, was Sie hören. Drücken Sie dann wieder mit der rechten Hand auf den Rücken der linken.
- Erinnern Sie sich an Ihre Gefühle in dieser Situation. Vergegenwärtigen Sie sich die Leichtigkeit und das Selbstvertrauen, die Sie empfunden haben. Drücken Sie wieder mit der rechten Hand auf den linken Handrücken.
- Stellen Sie sich die ganze Szene noch einmal komplett vor, was Sie sehen, hören und fühlen. Drücken Sie mit der rechten Hand auf den Rücken der linken Hand.
- Atmen Sie ein paar Mal tief ein und aus. Führen Sie dann die Bewegung mit der rechten Hand aus und beobachten Sie, wie die Szene und die damit verbundenen angenehmen Gefühle auftauchen.

Wiederholen Sie den beschriebenen Vorgang eine Woche lang, zweimal täglich, um die Kopplung zwischen Erfolgserlebnis und Berührungsreiz zu sichern.

Gesichts- und Körperausdrucksübungen

Emotionen gehen immer mit einem bestimmten Ausdruck einher, der sich in Mimik und Körpersprache niederschlägt. Freude äußert sich z. B. in einem Lächeln, Niedergeschlagenheit in hängenden Mundwinkeln. Es ist möglich, mit entsprechendem Gesichtsausdruck und Körperhaltung, das eigene Befinden in die gewünschte Richtung zu beeinflussen. Auf diese Weise können *Gesichts-* und *Körperausdrucksübungen* Ihnen helfen, eine positive Grundhaltung anzunehmen.

Gesichts- und Körperausdrucksübungen:

Nehmen Sie sich einen Moment Zeit. Setzen Sie sich 60 Sekunden lang mit hängendem Kopf und hängenden Schultern an Ihren Schreibtisch. Was löst das für Gefühle und Gedanken bei Ihnen aus? Und jetzt vergleichen Sie dies mit Ihrem Gefühl, wenn Sie sich 60 Sekunden lang aufrecht, mit leicht erhobenem Kinn und einem Lächeln auf den Lippen, hinsetzen. Wie fühlen Sie sich jetzt?

Langfristig wirkende Strategien

Bewegung

Bewegung reduziert blockierende Emotionen nachweislich. Viele Menschen beschreiben die Wirkung sportlicher Aktivitäten mit „Auspowern" oder „Kopf frei machen". In unserem eher bewegungsarmen Alltag trägt Bewegung zum allgemeinen Wohlbefinden bei, indem es die körperliche Verfassung stärkt und auf der anderen Seite Freude und Entspannung bereitet. Durch die Bewegung können Sie Spannungen abbauen und negative Gefühle und Gedankengänge unterbrechen, da Sie Ihre Aufmerksamkeit auf die aktuelle Tätigkeit richten. Planen Sie deshalb in Ihrem Alltag verstärkt Bewegung ein. Setzen Sie sich dabei aber nicht unter Druck. Es geht nicht darum, besondere Leistung zu erbringen, sondern vielmehr um die entspannende Wirkung und die Freude daran. Wenn Ihnen sportliche Aktivitäten wie Joggen oder Schwimmen keinen Spaß bereiten, gehen Sie spazieren – allein oder mit Freunden. Denn Bewegung wirkt sowohl langfristig als auch direkt in der Situation, negative Gedanken zu regulieren.

Entspannungsverfahren

Eine weitere sehr wirkungsvolle Methode zur Bewältigung von hinderlichen Emotionen ist die Entspannung. Vielleicht haben Sie auch schon mal von einem Freund, dem Sie von Unlust, Sorgen oder Ärger erzählt haben, den Satz gehört: „Entspann' dich mal." Tatsächlich funktioniert Entspannung als Gegenspieler von unerwünschten Gefühlen wie Angespanntheit oder Aufgeregtheit. Denn ein entspannter Zustand ist mit negativen Emotionen unvereinbar. Diese Strategie ist also sowohl zur Regulation blockierender Gefühle einsetzbar als auch zur Bewältigung von Bewertungsängsten.

Systematische Entspannungsverfahren, die Sie regelmäßig und außerhalb der akuten Situation anwenden, fördern Gelassenheit und Ruhe. Die innere Haltung wird positiv beeinflusst. Falls Sie Entspannungsverfahren regelmäßig und langfristig anwenden, steigt Ihre Belastbarkeit und es stellen sich positive Veränderungen in Ihrer Selbsteinschätzung ein. Es lohnt sich also, ein systematisches Entspannungsverfahren regelmäßig zu üben.

Entspannungsverfahren richtig üben:

Bereiten Sie die Entspannung vor
- Ruhiger und störungsfreier Ort;
- bequeme Kleidung;
- alle benötigten Utensilien in Griffnähe.

Einstimmen
- Konzentration auf den Köper lenken;
- Gedanken vorbeiziehen lassen.

Köperhaltung
- Liegen oder sitzen;
- auf eine bequeme Lage und Unterlage achten;
- Nacken eventuell mit Kissen stützen;
- freie Atmung ermöglichen;
- keine Verschränkung von Armen und Beinen;
- Augen schließen oder Blick nach innen richten.

Es gibt viele verschiedene Entspannungsverfahren, z. B. progressive Muskelrelaxation (PMR), Atemübungen, autogenes Training und meditative Verfahren. Es gibt verschiedene Möglichkeiten ein Verfahren zu erlernen, z. B. durch Bücher, CDs oder auch Kurse an Volkshochschulen. Informieren Sie sich über die verschiedenen Entspannungsverfahren, sodass Sie das für Sie Richtige finden. Zur progressiven Muskelrelaxation beispielsweise bietet das Buch von Ohm (2003) eine gute Einführung und Anleitung. Dieses Verfahren ist auch im ersten Kapitel „Selbstregulation im Beruf und beim Lernen" kurz erläutert.

Aus diesen Entspannungsverfahren sind Kurzformen zur „Blitzentspannung" ableitbar. Diese Sofortmaßnahmen können Sie in der belastenden Situation direkt durchführen. Ein Beispiel hierfür ist die *Stufenentspannung*. Ihre Dauer ist klar bemessen und Sie können das Maß an Entspannung bestimmen (siehe Sonntag, 2005).

Stufenentspannung:

- Ich schließe meine Augen und atme zweimal tief ein und aus. Mit jedem Ausatmen lasse ich meine Schultern ein bisschen mehr nach unten fallen.
- Mit dem nächsten Ausatmen gehe ich in meiner Vorstellung eine Treppenstufe nach unten.
- Mit jedem Ausatmen gehe ich eine weitere Treppenstufe hinunter. Solange, bis ich mein gewünschtes Entspannungsniveau erreicht habe. Jede Treppenstufe führt mich in immer tiefere Entspannung hinein.
- Am Ende der Treppe erreiche ich eine lichtdurchflutete Halle, in der ich meine Entspannung genieße.

Umsetzung der Strategien

Nachdem Sie verschiedene Strategien zur Regulation von Emotionen und zur Bewältigung von Bewertungsängsten kennengelernt haben, werden Sie vielleicht bemerkt haben, dass es erforderlich ist, die Strategien zu üben, bevor Sie sie gezielt einsetzen können. Lassen Sie sich also nicht entmutigen, falls Ihnen eine Methode nicht auf Anhieb gelingt. Die Umsetzung einer Strategie gelingt außerdem am besten, wenn die Strategie für Sie geeignet ist. Daher überlegen Sie, welche der vorgestellten Strategien Sie am meisten ansprechen.

Welche der obigen Techniken möchte ich ausprobieren?

- Gedankenstoppmethode und positive Umformulierung
- Terminierung von Problemen
- Selbstbestärkung und positive Selbstgespräche

- Ankern
- Gesichts- und Körperausdrucksübungen
- Bewegung
- Entspannung

Um herauszufinden, welche Strategie für Sie in welcher Situation wirkungsvoll war, können Sie das folgende Wirkungsprotokoll benutzen.

Wirkungsprotokoll:

- Welche Strategie habe ich eingesetzt? In welcher Situation?
- Wie habe ich mich vor dem Strategieeinsatz gefühlt?
- Wie habe ich mich nach der Durchführung gefühlt?
- War die Strategie für mich sinnvoll?
- Wenn ja, warum?
- Wenn nein, warum nicht?
- Könnte es daran liegen, dass ich die Strategie noch nicht ausreichend beherrsche, oder liegt es daran, dass die Strategie nichts für mich ist oder dass sie nicht zur Situation gepasst hat?

Hinderliche Emotionen und Bewertungsängste von Schülern

Sobald alle Prüfungen und Examina absolviert sind, verblassen die Erinnerungen an all die Sorgen, Bedenken und Ängste sehr schnell und Erleichterung, Zufriedenheit und Freude stellen sich ein. „Zum Glück" werden Sie jetzt sicherlich denken. Im Lehrerberuf werden Sie aber noch oft mit der Problematik von Bewertungs- und Prüfungsängsten konfrontiert werden. Gerade Bewertungsängste nehmen im Zuge der steigenden Belastung der Schüler immer mehr zu. Faktoren wie die Wichtigkeit der Noten im Hinblick auf einen Ausbildungs- oder Studienplatz, die Einführung des Abiturs nach acht Jahren, die Konkurrenz innerhalb der Klasse oder der Druck von Eltern verschärfen die Situation der Schüler und tragen zur Entstehung von Bewertungsangst bei. Jetzt stehen Sie jedoch auf der Seite des Bewertenden und haben somit die Perspektive gewechselt. Deshalb laden wir Sie mit der folgenden Übung ein, sich in die Schülerperspektive zurückzuversetzen.

Versetzen Sie sich in die Schülerperspektive:

Sie können sich in Ihre eigene Schulzeit zurückversetzen. Wie ging es mir, wenn …

… der Lehrer mich ohne Meldung im Unterricht aufrief?
… ein unangekündigter Vokabeltest ausgeteilt wurde?
… ich an die Tafel gerufen wurde?
… wichtige Arbeiten oder Klausuren bevorstanden?

Was hätte ich mir in dieser Situation gewünscht? Was hätte mein Lehrer und was ich selbst als Schüler beitragen können, um die Situation angenehmer zu gestalten?

Vermittlung hilfreicher Strategien an Schüler

Alle oben vorgestellten Strategien zur Regulation von Gefühlen können natürlich auch Schülern helfen, lernhinderliche Gefühle in den Griff zu bekommen. Methoden wie der Gedankenstopp sind einfach und für die Schüler nachvollziehbar darzustellen. Klären Sie zuvor aber den Bedarf der Schüler ab. Stellen Sie z.B. ein Fallbeispiel eines fiktiven Schülers vor, der wie Sebastian mit den hinderlichen Auswirkungen von unerwünschten Gefühlen und Gedanken zu kämpfen hat. Fragen Sie dann bei den Schülern nach, ob sie manchmal ähnliche Probleme haben. Diese Vorabfrage können Sie auch schriftlich durchführen, falls Sie Bedenken haben, dass die Schüler ihre Probleme nicht offen äußern wollen.

Achten Sie bei der Vorstellung der Strategie darauf, den Nutzen zu betonen. Erkennen die Schüler, dass der Einsatz von Strategien zur Regulation von Emotionen Vorteile mit sich bringt, werden sie die Strategien tatsächlich lernen und anwenden wollen. Auf diese Weise unterstützen Sie den Transfer der Strategien in den Alltag der Schüler nachhaltig. Diesen können Sie noch verstärken, indem Sie Techniken zur Emotionsregulation im Unterricht unmittelbar einsetzen, wenn Sie während des Unterrichts den Eindruck haben, dass ihre Schüler gerade von störenden Gedanken und Gefühlen abgelenkt werden. Auf diese Weise üben die Schüler nicht nur, sondern sie merken auch, dass Sie den Einsatz begrüßen und unterstützen.

Eine andere wichtige Quelle der Ermutigung ist die direkte Verstärkung der Bemühungen Ihrer Schüler. Erzählt ein Schüler Ihnen, wie er eine Strategie eingesetzt hat, bestärken Sie ihn darin. Lassen Sie die Schüler im Unterricht von ihren positiven Erfahrungen erzählen.

Schülergerechte Vermittlung:

- Welche der vorgestellten Strategien will ich meinen Schülern vermitteln?
- Wie kann ich ihnen diese Strategien „schülergerecht" vermitteln?
- Wie kann ich die Relevanz der Lerninhalte am besten hervorheben?
- Wie kann ich den Schülern Spielraum zur Einübung und Anwendung der Strategien geben?

Emotionsregulation im Unterricht

Neben der Möglichkeit, Schülern Strategien zur Regulation von Emotionen zu vermitteln, können Sie solche Strategien in Ihren Unterricht integrieren. Schon kleine Übungen haben einen Effekt und erfordern keine Umstrukturierung des Unterrichts. Dazu haben wir einige Vorschläge für Sie.

Strategien für allgemein störende Gefühle

Wenn Sie mit Ihren Schülern Strategien gegen ganz allgemein störende Gefühlen üben möchten, haben Sie beispielsweise die Möglichkeit, Fantasiereisen mit ihnen durchzuführen. Fantasiereisen sind kleine „Urlaube im Kopf" und führen zu einem ausgeruhten, ausgeglichenen Zustand. Dabei können Sie auf reichhaltige Literatur zum Thema Fantasiereisen zurückgreifen.

Bewegung haben Sie bereits als Strategie zur Regulation von Gefühlen kennengelernt. Auch Ihre Schüler werden sich besser konzentrieren und länger still sitzen können, wenn Sie Ihren Unterricht mit kleinen Bewegungseinheiten gestalten.

Gesprächskreise können Sie nutzen, wenn Sie den Eindruck haben, dass die gesamte Klasse mit einem bestimmten Thema (z. B. einer gerade geschriebenen Klassenarbeit oder einem anstehenden Sportwettbewerb) beschäftigt ist. Sind alle Gedanken, die im Raum schweben, einmal ausgesprochen, können sich die Schüler anschließend wieder auf die anstehenden Inhalte konzentrieren. Den Gesprächskreis können Sie z. B. in Form eines Blitzlichts durchführen. Dabei bekommt jeder Schüler reihum die Gelegenheit, in ein bis zwei Sätzen seine Gedanken und Gefühle zu formulieren. Sie können dazu eine bestimmte Frage (z. B. Wie erging es euch mit der Klassenarbeit?) oder eine eher allgemeine Frage (z. B. Was beschäftigt euch gerade?) stellen. Die Äußerungen werden nicht kommentiert oder besprochen. Natürlich können Sie darauf aufbauend weitere Gesprächsangebote oder andere Methoden anschließen.

Strategien für Bewertungsängste

Versuchen Sie Bewertungssituationen mit Ihren Schülern einzuüben und sie auf diese Weise „immun" gegen übermäßige Nervosität und Ängstlichkeit zu machen. Dies können Sie tun, indem Sie Klassenarbeiten und Prüfungssituationen simulieren. Die Schüler lernen so den Ablauf und die Gegebenheiten kennen. In der akuten Situation stoßen Sie dann auf bekannte Abläufe, die Sicherheit vermitteln und Aufgeregtheit reduzieren.

Führen Sie mit Ihren Schülern häufig kleinere Tests, Abfragen und Referate durch. Die Schüler gewöhnen sich so an Bewertungssituationen. Zudem haben sie mehr Gelegenheiten, ihr Wissen unter Beweis zu stellen – das reduziert das Gewicht jeder einzelnen Leistungsabfrage.

Bearbeiten Sie mit den Schülern auch in weiterführenden Rollenspielen Prüfungssituationen. Hier können die Schüler auch mal die Perspektive wechseln und in die Rolle des Prüfers schlüpfen. Oder sie können andere als die gewohnten Verhaltensweisen ausprobieren. Ein eher schüchterner Schüler bekäme beispielsweise die Aufgabe sich vorzustellen, er sei der Klassenbeste, und besonders souverän aufzutreten.

Sie können das Gefühl der Sicherheit und Vertrautheit auch erhöhen, indem Sie Rituale für Klassenarbeiten etablieren. Dies kann die Art der Begrüßung, die Sitzordnung, die Reihenfolge beim Austeilen oder die Materialien, die auf dem Tisch verbleiben dürfen, betreffen. Sie können in diesen routinemäßigen Ablauf sehr gut auch Strategien wie eine Entspannungsübung integrieren, die alle Schüler gemeinsam machen, bevor es losgeht.

Nicht nur Einstellung und Verhalten von Schülern tragen zur Entstehung von Bewertungsängsten bei, sondern auch Ihre eigene Haltung. Vermitteln Sie Ihren Schülern deshalb, dass Fehler notwendig sind, um aus ihnen zu lernen und sich zu verbessern. Damit nehmen Sie die Angst vor Misserfolgen. Schaffen Sie eine vertrauensvolle Atmosphäre, in der niemand befürchten muss, ausgelacht zu werden.

Beratungsarbeit im Bedingungsfeld Schule[8]

Fallbeispiel „Kollegiale Beratung"

Christian betreute seine 5. Klasse während einer Projektwoche. In dieser Zeit verhielt sich ein Schüler den anderen gegenüber gewalttätig und störte die Arbeit am Projekt. Um das Verhalten zu unterbinden, verdonnerte Christian den Schüler zu einer Strafarbeit, was dessen Verhalten jedoch verschlimmerte. Schließlich verlor Christian die Nerven, schrie den Schüler an und warf ihn aus dem Unterricht. Einige Tage später beschwerte sich die Mutter des Jungen. Christian ist sich nun sehr unsicher. Er ist noch nicht lange an der Schule und möchte bei der Schulleiterin und den Kollegen nicht negativ auffallen. Er denkt an die letzten schlaflosen Nächte zurück, die ihm dieses Problem bereitet hat. Was wird passieren, wenn die Mutter zur Schulleiterin geht?! Christian merkt, dass er diese Situation nicht mehr alleine bewältigen kann. Er fragt nach der Projektwoche einen vertrauten Kollegen und dieser hat einige hilfreiche Ideen. Christian ist erleichtert und nimmt sich vor, die angebotenen Tipps bei seiner nächsten Unterrichtsstunde umzusetzen.

Als Einstieg in dieses Kapitel können Sie sich einmal in die Lage von Christian versetzten. Waren Sie vielleicht schon einmal in einer ähnlichen Situation? Inwiefern ist es Ihnen gelungen, sich Unterstützung (z.B. im Kollegenkreis) zu suchen? Haben Sie gerade aktuell eine schwierige Situation in Ihrem beruflichen Alltag, für die Sie sich Unterstützung wünschen? Haben Sie schon einmal einen Kollegen, Schüler oder Eltern

---

8 Dieses Kapitel entstand unter Mitarbeit von cand. Psych. Anne Roth.

beraten? Die Beratungsarbeit nimmt im schulischen Kontext eine nicht zu unterschätzende Rolle ein. Sicher haben Sie es (sofern Sie schon an einer Schule tätig sind) bereits erlebt, dass Eltern Ihre Einschätzung zu einem Ihrer Schüler hören wollten oder einfach einen „guten Rat" zu einer bestimmten Sachlage. Weiterhin kann es dazu kommen, dass Sie beispielsweise Schüler beraten müssen, die gar kein Interesse an Ihrer Meinung, geschweige denn einer Beratung haben. Vielleicht ist Ihnen in diesem Zusammenhang auch schon aufgefallen, dass es gar nicht so einfach ist, formelle Beratungsgespräche zu führen. Ein häufiger Stolperstein ist beispielsweise, dass Sie meist selbst in die problematische Situation involviert sind, weil Sie die beteiligten Kinder/Jugendlichen unterrichten. Wenn die Konsequenzen des gut gemeinten Rates dann nicht fruchten, stehen Sie oft in der Verantwortung. Die Beratungsarbeit im schulischen Kontext beschränkt sich jedoch nicht auf Eltern und Schüler. Vielleicht gab es in Ihrer beruflichen Laufbahn auch schon Situationen, in denen Sie selbst sich Unterstützung gewünscht hätten oder einer Ihrer Kollegen auf der Suche nach kollegialer Hilfestellung war?

In diesem Kapitel wird die Beratung im schulischen Kontext vorgestellt. Im ersten Teil werden Ihnen Möglichkeiten der kollegialen Beratung nach Tietze (2003) aufgezeigt. Im zweiten Teil des Kapitels werden Sie einige wichtige Aspekte der Eltern- und Schülerberatung kennenlernen. Im Zuge dessen werden das 10-Stufen Konzept der Beratung nach Busch (2000) vorgestellt und Möglichkeiten zur Vorbereitung von Beratungsgesprächen und zum Umgang mit Widerständen diskutiert.

Vor dem Einstieg in dieses Kapitel laden wir Sie wieder ein, Ihre Fragestellung bezüglich dieses Kapitels zu formulieren, denn mithilfe einer klaren Zielsetzung können Sie leichter auf die für Sie relevanten Aspekte fokussieren.

Meine persönliche Fragestellung an dieses Kapitel:

- Was weiß ich bereits über das Thema Beratung (z.B. aus Fortbildungen, Lehrbüchern)?
- Was möchte ich durch dieses Kapitel erfahren?
- Welche Fragen zum Thema Beratung stelle ich mir konkret?

Kollegiale Beratung im Lehrerberuf

Als Lehrer haben Sie einen Beruf gewählt, in dem Sie selbstständig und eigenverantwortlich arbeiten können. Mit der Eigenverantwortlichkeit kann jedoch ein gewisses „Einzelkämpfertum" einhergehen. Während des Referendariats bekommen Sie noch Feedback von Kommilitonen, Mentoren und Dozenten und pflegen einen formlosen kollegialen Austausch. Dieser verliert sich jedoch meistens nach dem Referendariat und Sie sind zunehmend auf sich allein gestellt. Vielleicht werden Ihnen Ihre Kollegen noch den einen oder anderen Ratschlag mit auf den Weg geben, doch für einen organisierten kollegialen Austausch fehlen innerhalb des Schulalltags oftmals die notwendigen Rahmenbedingungen. Eine Supervision durch einen externen Berater findet in Schulen ebenfalls kaum statt, meist fehlen hierfür die finanziellen Mittel. Um dieses Defizit auszugleichen, entwickelte Tietze (2003) ein strukturiertes Beratungskonzept, welches es Kollegen möglich macht, sich gegenseitig zu beraten. Dieses strukturierte Beratungsgespräch nennt Tietze *kollegiale Beratung* und spricht damit vor allem Personen an, die in ähnlichen Berufsfeldern, jedoch nicht unmittelbar zusammenarbeiten. Voraussetzung für eine gegenseitige Beratung ist also ein ähnlicher Erfahrungshintergrund oder ein vergleichbares Betätigungsfeld. Dies würde beispielsweise auf eine Gruppe von Referendaren oder Lehrern zutreffen.

Ziel der kollegialen Beratung

Die kollegiale Beratung baut auf der Idee auf, dass sich qualifizierte Kollegen aus ähnlichen Arbeitsbereichen bei ausgewählten Problemstellungen gegenseitig beraten. Dabei werden sie nicht durch einen externen Berater unterstützt, sondern beraten sich eigenständig, basierend auf einer leicht anzuwendenden Methodik. In einem Satz lässt sich die kollegiale Beratung wie folgt beschreiben:

„Kollegiale Beratung ist ein strukturiertes Beratungsgespräch in einer Gruppe, in dem ein Teilnehmer von den übrigen Teilnehmern nach einem feststehenden Ablauf mit verteilten Rollen beraten wird mit dem Ziel, Lösungen für eine konkrete berufliche Schlüsselfrage zu entwickeln." (Tietze, 2003, S. 11).

Wie oben bereits erwähnt, kann die kollegiale Beratung als *strukturiertes Beratungsgespräch* verstanden werden, da deren *Ablauf* genau vorgegeben und zeitlich festgelegt ist. Eine Beratung ist dabei in sechs Schritte untergliedert und dauert insgesamt 35–45 Minuten. Eine *Gruppe,* die eine kollegiale Beratung durchführen möchte, sollte aus mindestens fünf und maximal zehn Teilnehmern bestehen. Wie bereits erwähnt ist es sinnvoll, dass die Teilnehmer aus einem ähnlichen Arbeitsfeld kommen, jedoch nicht zu eng zusammenarbeiten. So wird verhindert, dass ein Problem mehrere Teilnehmer der Gruppe betrifft, was dessen Klärung innerhalb der Beratungsgruppe verhindert. Auch wird vermieden, dass Spannungen zwischen den Teilnehmern oder unterschiedliche Hierarchiezugehörigkeiten in die Beratungsgruppe hineingetragen werden und die Gleichberechtigung der einzelnen Gruppenmitglieder einschränken. Grundsätzlich sollten alle Ideen und Beiträge gleichwertig behandelt werden, egal welchen Status ein Gruppenmitglied außerhalb der Beratungsgruppe hat. Alle Teilnehmer sollten die Offenheit und die Wertschätzung aufbringen, sich von jedem Mitglied der Gruppe beraten zu lassen.

Wichtig bei der kollegialen Beratung ist die *Grundhaltung:* Der Ratsuchende wird von den Beratern als Experte für sein eigenes Problem angesehen. Die Berater geben keine Ratschläge im Sinne einer „richtigen" Lösung für das Anliegen des Ratsuchenden. Sie fungieren vielmehr als Struktur- und Methodenexperten, entwickeln möglichst viele Ideen und ermöglichen dem Ratsuchenden auf diese Weise einen Perspektivenwechsel. Diese Haltung fußt auf der Annahme, dass es keine allgemeingültige Wirklichkeit gibt und dass jeder Mensch seine individuelle Wahrnehmung und somit seinen eigenen Bezugsrahmen hat, aus dem heraus er agieren kann. Würden die Berater Ratschläge geben, könnten sie dies (wie alle Menschen) nur auf der Basis ihrer eigenen Wahrnehmungen und Lebenserfahrungen tun. Diese stimmen mit großer Sicherheit nicht mit denen des Fallerzählers überein. Deshalb kann nur der Fallerzähler die „richtige" Lösung für sein Problem finden. Somit entwickelt der Ratsuchende, mit Unterstützung der Berater, seine eigenen Lösung und entscheidet, welche der Vorschläge und Ideen er umsetzen möchte. Die Berater erleichtern ihm den Suchprozess, indem sie die richtigen Fragen stellen oder Ideen produzieren und somit das Beratungsgespräch strukturieren. Damit ist und bleibt allein der Ratsuchende für seine Entscheidung verantwortlich und nicht die Gruppe. Diese Form der Beratung wird, in Abgrenzung zur Expertenberatung, als Prozessberatung (Schein, 1987) bezeichnet.

Das *Ziel* der kollegialen Beratung ist eine Praxisberatung und Reflexion der beruflichen Tätigkeit sowie der Berufsrolle. Weiterhin erfahren die einzelnen Gruppenteilnehmer Rückhalt durch die Gruppe und merken, dass sie mit ihren Problemen nicht alleine sind. Nebenbei wird ein fachlicher Austausch ermöglicht. Zusätzlich erfolgt eine Qualifizierung durch den Ausbau von praktischen Beratungskompetenzen bei den Gruppenmitgliedern. Auch die Institution Schule erfährt einen Nutzen, da die teilnehmenden Personen nicht nur qualifiziert werden, sondern es zum Ausbau einer Unterstützungskultur kommt.

Themen und Inhalte der kollegialen Beratung

Grundsätzlich können alle Themen und Inhalte in die Beratung eingebracht werden, die in Verbindung mit einem konkreten beruflichen Anlass stehen. Die jeweilige Fragestellung sollte möglichst *eindeutig* und für die Berater *nachvollziehbar* formuliert werden und sich auf *konkrete Interaktionspartner* beziehen. „Wie kann ich es schaffen, dass meine Klasse disziplinierter ist?" wäre sehr allgemein und eignet sich nicht für eine kollegiale Beratung. Es bleibt offen, was der Fragesteller mit „disziplinierter" meint. So entwickeln die beteiligten Personen jeweils eine etwas andere Vorstellung von „diszipliniert". Eine eindeutigere Formulierung wäre z. B.: „Was kann ich tun, dass meine Schüler still und aufmerksam sind, wenn ich den Unterricht beginnen möchte?" Eine Problemstellung, von der mehrere Gruppenteilnehmer betroffen sind oder ein privates Problem eignen sich nicht. Auch gravierende berufliche Probleme (z.B. Mobbing oder eine drohende Versetzung) sollten nicht im Rahmen der kollegialen Beratung besprochen werden, sondern in einem Coaching oder einer Einzelsupervision. Die Gruppe sollte weiterhin darauf achten, dass Spannungen und Streitigkeiten zwischen einzelnen Gruppenmitgliedern möglichst vermieden bzw. ausgeräumt werden, da diese den Beratungsprozess negativ beeinflussen können.

Rollen in der kollegialen Beratung

Zu Beginn der kollegialen Beratung werden verschiedene *Rollen* im sogenannten Casting an die Teilnehmer vergeben. Dabei ist darauf zu achten, dass die Rollenverteilung rotiert und die verschiedenen Rollen nicht jedes Mal durch dieselben Teilnehmer besetzt werden. Folgende Rollen sind zu vergeben:

Der Fallerzähler

Der Fallerzähler ist der „Hauptdarsteller" des jeweiligen Beratungsdurchgangs. Er gibt das Problem vor und wird von den anderen beraten. Im Laufe des Beratungsprozesses gibt er hinreichende Informationen zur eigenen (problematischen) Situation. Er bestimmt den Verlauf der Beratung maßgeblich mit.

Der Moderator

Der Moderator ist dafür verantwortlich, den Beratungsdurchgang zu strukturieren, die Einhaltung der Zeiten zu gewährleisten und dafür zu sorgen, dass alle Beteiligten auf dem gleichen Kenntnisstand sind. Die Gruppe sollte neben der Rotation der Rollen darauf achten, dass sich keine Paarkonstellationen bilden, also z. B. ein Fallerzähler immer mit dem gleichen Moderator zusammenarbeitet.

Die Berater

Die restlichen Teilnehmer bilden die Gruppe der Berater, die in der Beratungsphase Ideen in Bezug auf die Schlüsselfrage des Fallerzählers generieren. Je nach gewählter Methode können sie außerdem von eigenen Erfahrungen oder Gedanken berichten. Die Berater sollten auf Bewertungen und Belehrungen verzichten und die Ansichten des Fallerzählers respektieren, auch wenn sie anderer Meinung sind. Ziel ist immer ein Dialog auf gleicher Augenhöhe.

Neben diesen drei zentralen Rollen, die in jeder Beratungssitzung zu besetzen sind, gibt es zwei weitere optionale Rollen: den Sekretär und den Prozessbeobachter. Im Falle weniger Teilnehmer sollte auf deren Besetzung verzichtet werden, um mehr Berater zur Verfügung zu haben. Grundsätzlich sollten mindestens drei Berater vorhanden sein, die sich voll und ganz auf die Ideenproduktion konzentrieren können.

Der Sekretär

Der Sekretär notiert (möglichst wörtlich) die Beiträge der Berater, um den Fallerzähler zu entlasten, sodass dieser sich voll und ganz auf das Zuhören konzentrieren kann. Weiterhin kann der Fallerzähler auf diese Weise die Ideen und Beiträge nach Abschluss der Beratung noch einmal reflektieren und auf sich wirken lassen. Der Sekretär kann gleichzeitig auch an der Ideensammlung teilnehmen. Alternativ kann ein Tonband die Beratung dokumentieren.

Der Prozessbeobachter

Der Prozessbeobachter beobachtet den Fortgang der Beratungssequenz und gibt dem Team nach Abschluss Rückmeldung über den Verlauf des Prozesses. Er sollte berichten, was ihm positiv an der Arbeit der Gruppe aufgefallen ist und was noch verbessert werden kann. Dieser kann besonders bei den ersten Terminen einer Beratungsgruppe hilfreich sein.

Ablauf der kollegialen Beratung

Der Ablauf der kollegialen Beratung ist klar definiert.

Phasen der kollegialen Beratung:

Casting (Rollenbesetzung)	5 Minuten
Spontanbericht des Fallerzählers	10 Minuten
Formulierung der Schlüsselfrage	5 Minuten
Methodenauswahl	5 Minuten
Beratung	10 Minuten
Abschluss	5 Minuten
Gesamt	*35–45 Minuten*

Casting (Rollenbesetzung)

Das Casting ist die erste fünfminütige Phase der kollegialen Beratung und meint die Vergabe der oben beschriebenen Rollen. Es bietet sich an, bereits am Ende einer kollegialen Beratung den Moderator für die nächste Sitzung auszuwählen. Steht der Moderator fest, eröffnet dieser die Anfangsrunde. Hierbei berichtet jeder Teilnehmer von seinem aktuellen Befinden. Diese Anfangsrunde ist wichtig, da hier mögliche Störungen (z.B. Spannungen zwischen Gruppenmitgliedern) unmittelbar thematisiert und vor dem Beratungsprozess ausgeräumt werden können. Bei Bedarf kann auch kurz (!) vom Ausgang eines vorherigen Beratungsanliegens berichtet werden. In der Anfangsrunde können die restlichen Teilnehmer außerdem ein Beratungsanliegen anmelden, wobei sie dem Anliegen einen möglichst griffigen Titel geben sollten. Falls mehrere Gruppenteilnehmer ein Anliegen haben, sollte geklärt werden, welches davon Priorität hat. Ist genügend Zeit vorhanden, können auch mehrere Anliegen in einem Treffen bearbeitet werden. Während die Teilnehmer der kollegialen Beratung von ihrem Befinden und etwaigen Problemen berichten, kristallisiert sich heraus, wer der Fallerzähler wird. Wer gegebenenfalls Prozessbeobachter und Sekretär wird, kann nach Abschluss der Anfangsrunde festgelegt werden. Das Casting dient neben der Rollenvergabe auch dem angenehmen „Ankommen" aller Teilnehmer.

Spontanbericht des Fallerzählers

Nach dem Casting erfolgt der Spontanbericht des Fallerzählers. In zehn Minuten stellt dieser die wichtigsten Fakten des problematischen Sachverhaltes dar. Dies geschieht im Gespräch mit dem Moderator, welcher möglichst aktiv zuhört[9] und erkundende Fragen

---

9 Wesentliche Leitlinien des aktiven Zuhörens nach Rogers (1972) sind eine empathische und offene Grundhaltung, ein authentisches Auftreten und eine bedingungslose positive Beachtung des Klienten.

stellt. Die Fragen sollen den Spontanbericht strukturieren und den Fallerzähler zur Fokussierung anregen. Der Moderator hat außerdem die Aufgabe, auf die Zeitbegrenzung zu achten, was den Fallerzähler dazu zwingt, den Fokus auf die wesentlichen Aspekte des Problems zu richten. Außerdem wird verhindert, dass sowohl der Fallerzähler als auch die Berater in eine Art „Problemtrance" geraten und sich zu sehr mit dem Problem identifizieren. Dies würde eine neutrale Sichtweise auf die Dinge verhindern und könnte dazu führen, dass mögliche Lösungen übersehen werden. Neben den Fakten zur problematischen Situation sollte der Fallerzähler außerdem über seine Gefühle berichten, die aus dieser Situation resultieren. Seitens der Berater ist zu bedenken, dass die Spontanerzählung kein objektiver Tatsachenbericht sein kann, sondern immer die persönliche Perspektive des Fallerzählers widerspiegelt. Mögliche Orientierungsfragen zur Strukturierung des Fallberichts werden im folgenden Kasten aufgeführt.

Orientierungsfragen für den Fallerzähler (bzw. den Moderator) angelehnt an Lauterburg (2001):

- Was ist geschehen?
- Was ist konkret und im Einzelnen passiert?
- Was habe ich gemacht, wie habe ich mich verhalten?
- Was ist in mir vorgegangen, was habe ich gedacht, wie habe ich mich gefühlt?
- Was an der Situation hätte anders sein sollen?
- Wie beurteile ich die Situation heute?
- Was ist aus meiner Sicht gut gelaufen, was nicht?

Den Beratern wird durch die Spontanerzählung ein Überblick über die Problemlage vermittelt. Nach dem Spontanbericht haben die Berater die Möglichkeit, inhaltliche Fragen und Fragen zum Befinden des Fallerzählers zu stellen. Es ist jedoch darauf zu achten, dass sie keine „in Fragen verpackte" Lösungen anbieten (z.B.: „Hast du noch nie daran gedacht, deinem Kollegen mal so richtig die Meinung zu sagen?"). Es sollten nur Fragen gestellt werden, die einem besseren Verständnis der Situation dienen.

Formulierung der Schlüsselfrage

Nachdem die wichtigsten Aspekte des Problems benannt wurden, wird der Fallerzähler dazu angeregt, eine Schlüsselfrage zu formulieren, die besagt, „wohin die Reise gehen soll". Dadurch wird eine frühzeitige Lösungsfokussierung erreicht und alle Beteiligten erhalten eine konkretere Idee davon, worin genau das Anliegen des Fallerzählers liegt. Der Fallerzähler sollte darauf achten, dass er die Schlüsselfrage so präzise wie möglich formuliert. Die Schlüsselfrage sollte sich außerdem auf veränderbares Verhalten des Fallerzählers beziehen. Damit wird gewährleistet, dass die Lösungsvorschläge sich auch tatsächlich umsetzen lassen. Weiterhin sollte die Schlüsselfrage positiv formuliert sein, sodass eine handlungsförderliche Lösungsfokussierung stattfinden und ein positives inneres Bild des Zielzustandes entstehen kann. Dementsprechend könnte die Frage z. B. lauten: „Was könnte ich dafür tun, dass der Schüler X sich während meines Unterrichts ruhig verhält?"

Der Moderator kann den Fallerzähler bei der Suche nach einer adäquaten Schlüsselfrage unterstützen oder die Berater um Hilfe bitten. Außerdem sollte er die gefundene Schlüsselfrage noch einmal in eigenen Worten wiederholen. So kann der Fallerzähler überprüfen, ob es wirklich diese Frage ist, die er für sich beantwortet haben möchte. Die Berater können alternative Vorschläge zur Schlüsselfrage machen, wenn sie die Schlüsselfrage des Fallerzählers ungeeignet finden. Die letztendliche Wahl der Schlüsselfrage muss aber dem Fallerzähler überlassen werden. Steht eine Schlüsselfrage fest, müssen sich die Berater fragen, ob sie diese bearbeiten können.

Methodenwahl

Nachdem die Schlüsselfrage gestellt wurde, wählen die Berater eine Methode aus, die sich möglichst gut zur Ideenfindung in Bezug auf die vorliegende Fragestellung eignet. Hierfür sind fünf Minuten vorgesehen. Ein Vorteil der kollegialen Beratung ist, dass sie eine Vielzahl von Methoden zur Entwicklung von Lösungsvorschlägen anbietet (nachzulesen bei Tietze, 2003). Deshalb variiert die Form der Beratung von Mal zu Mal, das Verfahren bleibt für die Teilnehmer attraktiv und je nach Schlüsselfrage kann eine bedarfsgerechte Methode ausgewählt werden. Am besten ist es, wenn die Methodenwahl einvernehmlich getroffen wird, die letztendliche Entscheidung wird jedoch dem Fallerzähler überlassen. Im Anschluss an die Darstellung des Ablaufs der kollegialen Beratung finden Sie einen Überblick über mögliche Methoden.

Beratung

Anschließend folgt die eigentliche zehnminütige Beratungssequenz. Sie zielt darauf, die Perspektive des Fallerzählers durch möglichst viele Ideen der Berater zu bereichern. Dabei geht es nicht darum, einen „richtigen" Weg zu finden, sondern vielmehr verschiedene Möglichkeiten aufzuzeigen, um den subjektiven Handlungsspielraum des Fallerzählers zu erweitern. Der Moderator erläutert noch einmal kurz die gewählte Methode und prüft, ob die Beiträge der Berater methodenkonform sind. Zusätzlich sollte er sensibel für die Befindlichkeit des Fallerzählers sein und auf die Atmosphäre während der Beratung achten. Wie in den anderen Sequenzen fungiert der Moderator auch hier als Zeitwächter und stoppt die Beratung nach ca. zehn Minuten.

Die Berater formulieren gemäß der zuvor ausgewählten Methode Lösungsvorschläge und beziehen sich dabei auf veränderbares Verhalten des Fallerzählers. Der Fallerzähler wird dabei nicht direkt angesprochen, sondern hört lediglich dem Austausch der Berater zu. Diese können sich dabei auf Beiträge von Vorrednern beziehen, sollten es jedoch vermeiden, über die Sinnhaftigkeit der einen oder anderen Idee zu diskutieren. Ob ein Beitrag für den Fallerzähler von Nutzen ist, entscheidet dieser selbst. Folgende Regeln sind von den Beratern zu beachten.

Regeln während der Beratung:

- Dem Fallerzähler und seinem Problem werden Wertschätzung entgegengebracht.
- Die Beiträge sollten möglichst vielfältig sein und nicht alle in die gleiche Richtung zielen.
- Die Beiträge sollten möglichst prägnant sein.
- Die Beiträge werden im Konjunktiv formuliert, um Offenheit zu signalisieren.

Der Fallerzähler hört während der Beratung aufmerksam zu und vermeidet Rechtfertigungen oder Richtigstellungen. Wenn er sich unwohl fühlt oder merkt, dass die Beratung in eine für ihn nicht zufriedenstellende Richtung läuft, sollte er dies dem Moderator mitteilen. Dieser kann durch gezielte Fragen herausfinden, in welche Richtung die Beratung stattdessen gehen sollte.

Falls im Casting ein Sekretär benannt wurde, hat dieser die Aufgabe, die Beiträge der Berater möglichst wortgetreu mitzuschreiben, um sie am Ende der Beratung dem Fallerzähler zu geben. Der Sekretär kann ebenfalls beratend tätig sein und Beiträge formulieren, sollte sich jedoch in erster Linie auf das Protokollieren der Ideen konzentrieren.

Abschluss

Nach der Beratungssequenz sind fünf Minuten für den Abschluss vorgesehen. Hier hat der Fallerzähler noch einmal die Möglichkeit, über die Beratung zu resümieren. Er kann berichten, was ihm klar geworden ist und welche Schritte er unter Umständen einleiten wird. Falls genügend Zeit zur Verfügung steht, kann auch ein Mini-Aktionsplan entwickelt werden. Die Beteiligten sollten jedoch darauf verzichten, den Fallerzähler auf eine Lösung „festzunageln". Dieser braucht Zeit, um die verschiedenen Ideen für sich zu reflektieren und mögliche Handlungsschritte zu planen. Die Berater können ebenfalls eine Bilanz über das Thema des Fallerzählers ziehen und dem Moderator Feedback über seine Moderation geben. Abschließend gibt der Prozessbeobachter Rückmeldung über das Verhalten, das er bei allen Beteiligten während des Beratungsprozesses beobachtet hat.

Im folgenden Abschnitt werden einige Methoden der kollegialen Beratung dargestellt. Hierbei wurden vor allem solche Methoden ausgewählt, die für Einsteiger und unerfahrene Gruppen gut geeignet sind. Weitere Methoden finden Sie bei Tietze (2003).

Methodensammlung

Brainstorming

Ein Brainstorming ist sinnvoll, wenn der Fallerzähler Ideen und Handlungsvorschläge haben möchte, die ihm helfen können, sein Problem zu lösen. Die Berater können sich hierbei an der Frage orientieren: „Was könnte man (nicht nur der Fallerzähler) in solchen Problemsituationen tun?" Hierbei sind vier Regeln zu beachten:

- *Es sollen möglichst viele Ideen generiert werden.*
- *Es sollten alle Ideen genannt werden (z.B. auch unfertige Gedanken, ungewöhnliche Vorschläge, extreme Varianten).*
- *Die Ideen von anderen Beratern können weiterentwickelt werden.*
- *Kritik an anderen Ideen ist verboten.*

Im Anschluss an die Ideensammlung kann der Fallerzähler einschätzen, welche der Ideen für ihn passend sind.

Kopfstand-Brainstorming

Das Kopfstand-Brainstorming ist eine sehr erfrischende Methode, die eingesetzt werden kann, wenn der Fallerzähler schon viele Male an der Lösung seines Problems gescheitert ist oder sich im Unklaren ist, wodurch er selbst zum Problem beiträgt. Die Berater orientieren sich an der Leitfrage: „Was kann der Fallerzähler alles tun, um das Gegenteil dessen zu erreichen, was er laut seiner Schlüsselfrage eigentlich möchte?" Oder anders formuliert: „Wie kann der Fallerzähler die problematische Situation noch verschlimmern?" Es gelten dieselben Regeln wie beim Brainstorming. Auch wenn die Beiträge der Berater häufig witzig und zum Teil provokant klingen, ist die Ernsthaftigkeit des Anliegens zu bedenken.

Ziel dieser paradoxen Methode ist es, dem Fallerzähler eine gewisse Distanz zur eigenen Perspektive zu verschaffen, seinen Horizont zu erweitern und eine veränderte Betrachtung der Situation zu ermöglichen. Er wird auch dafür sensibilisiert, welche Verhaltensweisen seinerseits zur Fortdauer des Problems beitragen.

Ein erster kleiner Schritt

Diese Methode wird eingesetzt, wenn die Situation des Fallerzählers sehr unübersichtlich erscheint und der Fallerzähler stark von seinem Erleben und der Vergangenheit eingenommen ist, was ihm den Blick in die Zukunft erschwert. Die Beteiligten sollten sich an der Leitfrage orientieren: „Was könnte der erste kleine (!) Schritt für den Fallerzähler sein?" Im Beratungsprozess nennen die Berater verschiedene erste Schritte eines Lösungsweges, wobei es nur um das Zusammentragen möglicher Veränderungsansätze der augenblicklichen Lage geht, nicht um eine komplette Lösung.

Gute Ratschläge

Diese Methode kann genutzt werden, wenn der Fallerzähler vor einem konkreten und gut umschriebenen Problem steht und konkrete Tipps, praktische Ratschläge und hilfreiche Empfehlungen haben möchte. „Welche Tipps, Ratschläge und Empfehlungen haben wir für den Fallerzähler?" kann hier die Leitfrage sein.

In der Beratung tragen die Berater ihre Ratschläge und Empfehlungen zusammen. Die Ratschläge werden formal eingeleitet mit: „Ich gebe Ihnen/dir den Ratschlag …" oder „Ich hätte die Empfehlung für Sie/dich …" oder „An Ihrer/deiner Stelle würde ich …" Auch hier steht wieder die Vielfalt der Ratschläge im Vordergrund, wobei der Angebotscharakter der Formulierungen erhalten bleiben muss. Die Berater äußern nur ihre eigenen persönlichen Empfehlungen, von denen sie vollständig überzeugt sind.

Resonanzrunde

Die Resonanzrunde kann eingesetzt werden, wenn sich der Fallerzähler während seiner Erzählung emotional sehr ergriffen zeigt und verunsichert darüber ist, was Andere von seiner Situation halten. Innerhalb der Beratung können sich die Berater an folgender Leitfrage orientieren: „Was löst die Fallerzählung bei mir an Gedanken, Gefühlen und Reaktionen aus? Was habe ich beim Fallerzähler wahrgenommen?"

Die Berater beschreiben im Beratungsprozess, welche Gedanken und Gefühle die Fallerzählung bei ihnen ausgelöst hat. Sie geben dem Fallerzähler somit ein recht persönliches Feedback und zeigen Anteilnahme. Die Rückmeldungen sollen dem Fallerzähler zu mehr Klarheit hinsichtlich seiner Empfindungen bezüglich der Problemsituation verhelfen. Durch das Klären der eigenen Emotionen ist der Fallerzähler schließlich besser in der Lage, mit seinen Gefühlen umzugehen und kann so die eigene Handlungsfähigkeit erhöhen.

Sharing: Als es mir einmal ähnlich erging …

Das „Sharing" wird eingesetzt, wenn sich der Fallerzähler die Anteilnahme der Berater wünscht und sein Verhalten als persönliches Missgeschick schildert. Die Berater überlegen „An welche eigene Erfahrung erinnert mich die Falldarstellung? Welche Gefühle und Gedanken daraus kenne ich von mir selbst?"

Ziel des Sharings ist es, den Fallerzähler zu entlasten, indem er die Solidarität der Berater erfährt. Im Gegensatz zur Resonanzrunde, bei der die Berater von aktuellen Gefühlen und Empfindungen berichten, liegt der Fokus beim Sharing in der Vergangenheit. Die Berater stellen eine Beziehung zwischen den eigenen Erfahrungen und der aktuellen Situation des Fallerzählers her, um Anteilnahme zu vermitteln und Wege aufzuzeigen. Zu beachten ist, dass die Berater über ihre eigenen Erlebnisse sprechen und die Inhalte der Fallerzählung nicht kommentieren. Weiterhin achten die Berater darauf, nicht in den Bann der eigenen Erlebnisse zu geraten oder zu ausführlich zu berichten.

Schlüsselfrage (er-)finden

Diese Methode kann genutzt werden, wenn das erlebte Geschehen auf den Fallerzähler so komplex wirkt, dass er nicht weiß, was die passende Schlüsselfrage ist. Die Methode kann außerdem hilfreich sein, wenn sich eine Schlüsselfrage im Beratungsprozess als schwierig erweist und dem Beratungsteam zu entgleiten droht.

Die Berater fragen sich „Wie könnte die Schlüsselfrage des Fallerzählers (noch) lauten?" Als Einleitung benutzen sie die Formulierungen: „Für mich wäre die Schlüsselfrage …" oder „Vielleicht ist deine Schlüsselfrage …" Die genannten Schlüsselfragen werden von den übrigen Beratern nicht kommentiert. Der Fallerzähler hat methodisch die Wahl, die Angebote kommentarlos stehen zu lassen oder durch „warm", „neutral" oder „kalt" spontan zu signalisieren, in welchem Maß die Schlüsselfragen für ihn und seinen Fall zutreffen.

Zwei wichtige Informationen

Die Methode „Zwei wichtige Informationen" passt sehr gut, wenn die eigene Situation für den Fallerzähler unüberschaubar geworden ist. Ziel der Methode ist es, die Erlebnisse des Fallerzählers zu sortieren, um ihm einen Perspektivwechsel zu ermöglichen. Die Berater stellen sich die Frage „Was sind für mich die beiden wichtigsten Informationen in der Fallerzählung bezüglich der Schlüsselfrage des Fallerzählers?" Sie formulieren nacheinander in einem Satz: „Für mich war eine wichtige Information, dass …, und eine andere, dass …" Sie sind frei darin, die Hauptthemen des Fallerzählers aufzugreifen oder sich auf andere Aspekte zu beziehen. Die Berater müssen dabei beachten, dass sie sich auf das Hervorheben zweier Informationen aus der Falldarstellung beschränken und keine expliziten Lösungsvorschläge oder Verhaltensangebote formulieren.

Kurze Kommentare

Die Methode „Kurze Kommentare" kann genutzt werden, wenn sich der Fallerzähler von den Beratern Stellungnahmen in alle möglichen Richtungen wünscht. Die Berater fragen sich „Was ist mir an dem Inhalt oder der Art der Fallerzählung aufgefallen?" Das können Anregungen, Befürchtungen, Hypothesen, Assoziationen, Vorschläge, Ratschläge, Warnungen, Zusammenhänge, Merkwürdigkeiten, Gereimt- und Ungereimtheiten, Fantasien, Ge- und Verbote sein.

Erfolgsmeldung

Die Methode „Erfolgsmeldung" ist geeignet, wenn der Fallerzähler von einer Situation berichten möchte, in der ihm etwas besonders gut gelungen ist oder er Faktoren eines für ihn überraschenden Erfolges reflektieren möchte, um diesen wiederholen zu können. Die Berater stellen sich die Frage „Wie hat der Fallerzähler seinen Erfolg wohl erreicht? Welche Fähigkeiten und Verhaltensweisen waren dafür maßgeblich?" Sie können ihm seine Verhaltensweisen und Fähigkeiten in Form von Hypothesen zurückspiegeln: „Ich habe den Eindruck, eine wichtige Fähigkeit war ..." Eine andere Möglichkeit ist die Mitteilung darüber, was sie für die eigene Berufspraxis übernehmen können: „Was ich von Ihnen/dir für meine Arbeit lernen kann, ist ..." Auch wenn die Erfolgsmeldung in Gruppen anfangs etwas merkwürdig wirken kann, sollte das Beratungsteam seine Mitglieder hin und wieder ermutigen, positive Erlebnisse ausführlicher zu schildern.

Falls Sie die Methoden selbst ausprobieren möchten, können Sie einen Freund oder Bekannten fragen, ob Sie dieses kleine „Experiment" einmal mit ihm durchführen dürfen. Sie sollten Ihr Gegenüber jedoch in jedem Fall über Ihr Vorhaben informieren, um mögliche Irritationen zu vermeiden.

Reflexionsfragen „Beratung":

- Konnte ich eine der vorgestellten Methoden in dem Beratungsgespräch umsetzen?
- Falls ja, welche?
- Falls nein, warum nicht? Wie würde es gelingen?
- Habe ich den Eindruck, dass meinem Gesprächspartner die Beratungsmethode geholfen hat?
- Falls ja, wie ist mir das gelungen? Falls nein, was kann ich besser machen?
- Habe ich mich selbst während der Beratung wohl gefühlt?
- Was hat dazu beigetragen/es verhindert?
- Hatte ich den Eindruck, dass sich mein Gesprächspartner während der Beratung wohl fühlt?
- Was hat dazu beigetragen/es verhindert?
- Was hat bei der Beratung besonders gut geklappt?

- Was könnte ich noch verbessern? Würde ich die Methode noch einmal anwenden? Warum?
- Wenn ja, würde ich etwas verändern? Was?

Der Lehrer als Berater

Gerade in der Zeit des Referendariats bietet sich die Gründung einer Beratungsgruppe an. Sie können aber auch nach Ihrer Referendariatzeit eine kollegiale Beratungsgruppe gemeinsam mit Kollegen der eigenen oder einer anderen Schule installieren. Der Vorteil, die Gruppe mit Kollegen der eigenen Schule zu besetzten, liegt darin, dass alle die Gegebenheiten der Institution kennen und so die Lage besser einschätzen können. Dadurch können lange Erklärungssequenzen vermieden werden. Gleichzeitig neigt jedoch eine Gruppe von Kollegen einer Institution oftmals zur „Betriebsblindheit". Die Mitglieder können mitunter weniger neue Impulse und Ideen beisteuern, und es kann häufiger dazu kommen, dass mehrere Personen des Beratungsteams in das vorgestellte Problem involviert sind und es in der Folge nicht besprochen werden kann. Auch könnte die Hemmschwelle über Probleme zu sprechen höher sein. Die Vor- und Nachteile beider Konzepte sind im Einzelfall abzuwägen. In jedem Fall stellt die kollegiale Beratung eine Methode dar, mit der Sie sich bezüglich unterschiedlichster beruflicher Fragen kollegial unterstützen können.

Das gesamte Spektrum der „Beratung im Bedingungsfeld Schule" geht jedoch über die kollegiale Unterstützung hinaus. In der Regel werden Sie als Lehrkraft Beratungsgespräche mit Eltern und Schülern führen müssen. Im nun folgenden Teil dieses Kapitels werden Strategien skizziert, die Ihnen helfen, Beratungs- und Elterngespräche erfolgreich vorzubereiten und zu gestalten.

Fallbeispiel „Doppelrolle Lehrkraft und Berater"

Nina ist Lehrerin an einer Grundschule und unterrichtet seit einigen Monaten eine dritte Klasse. Ein Schüler zeigte sich von Beginn an massiv auffällig. Nina fiel schnell auf, dass er kaum einige Minuten ruhig sitzen kann, ständig in den Unterricht hineinruft und auch schon einmal handgreiflich gegenüber Mitschülern wird. Nina bat schließlich die Eltern des Jungen zu einem Gespräch in die Schule. Sie hatte schon eine ganz konkrete Vorstellung davon, was sie den Eltern sagen wollte und wie die Lösung des Problems aussehen sollte. Sie ging fest davon aus, dass die Eltern das auch so sehen und mit ihr kooperieren würden. Doch als die Eltern dann da waren, stellte Nina fest, dass diese nur sehr widerwillig zu dem Gespräch gekommen waren. Gleich zu Beginn des Gesprächs wurden sie wütend, weil sie den Eindruck hatten, dass Nina ihre Erziehungsmethoden infrage stellen wollte. Nina versuchte alles, die Eltern von ihrer Sicht der Dinge zu überzeugen, aber das Gespräch endete ergebnislos und in schlechter Atmosphäre. Was war bloß falsch gelaufen?

Reflexion der eigenen Beratungsarbeit:

- Versetzen Sie sich einmal in die Lage von Nina. Was würden Sie an ihrer Stelle tun? Wie würden Sie vorgehen?
- Auf welchen Bereich würden Sie Ihren Schwerpunkt in dem Beratungsgespräch legen?
- Was glauben Sie? Kann Nina in dieser Situation als neutraler Berater fungieren oder ist sie zu sehr in die problematische Situation involviert?

Während andere Berufsgruppen, die beratend tätig sind, explizit für ihre Tätigkeit ausgebildet werden, wird dies in der Lehrerausbildung kaum thematisiert. Hinzu kommt, dass Sie sich als Lehrer häufig in einer Doppelrolle wiederfinden, welche die Beratung zusätzlich erschwert.

In den folgenden Abschnitten vermitteln wir Ihnen deshalb einige Tipps und Hilfen zur Vorbereitung, Strukturierung und Durchführung von Beratungsgesprächen. Dabei gehen wir explizit auf die besondere Problematik Ihrer Doppelrolle ein.

Der neutrale Berater

In der Regel sollte ein Berater eine neutrale Position einnehmen. Das bedeutet, dass der Berater dem Ratsuchenden Hilfestellung leistet, jedoch keinerlei eigenes Interesse an einer (bestimmten Art von) Lösung des Problems hat. Der Ratsuchende ist und bleibt der Verantwortliche für sein Problem.

Nach Busch (2000) müssen für eine „neutrale" Beratung drei Faktoren erfüllt sein (siehe Kasten). Als neutraler Berater nehmen Sie die Rolle eines Assistenten ein, der den Klienten (z.B. Eltern oder einen Ihrer Schüler) beim Verstehen seines Problems und bei der Erarbeitung einer Lösung unterstützt. Der Klient ist hierbei als Experte seiner eigenen Situation anzusehen, seine Einstellungen und Sichtweisen sind ernst zunehmen und wertzuschätzen. Nur der Klient ist für die Lösung und deren Umsetzung verantwortlich.

Faktoren einer „neutralen" Beratung (nach Busch, 2000):

1. Im Beratungsgespräch liefert der Klient (hier Schüler, Eltern oder Kollegen) die Informationen, Sichtweisen und Einstellungen, die für eine Lösung des Problems notwendig sind.

2. Die Lösung des Problems steht nicht von vorneherein fest.

3. Eine Lösung ist nur möglich, wenn der Klient aktiv und selbstverantwortlich an der Lösung des Problems mitwirkt. Ist dies nicht der Fall, können Sie diesen zur Mitarbeit ermuntern, ihn jedoch nicht zu irgendeiner „Lösung" überreden.

10 Stufen der Beratung

Im Gegensatz zu externen Beratern (z.B. Erziehungsberatung, Schulpsychologie) liegt die besondere Schwierigkeit eines beratenden Lehrers darin, dass er sich meist nicht als „neutralen" Helfer verstehen kann, sondern in die Situation involviert ist. In der Regel müssen Sie als pädagogischer Experte und Vertreter der Institution Schule auftreten und haben eine eigene Problemsicht und ein eigenes Interesse an einer (für Sie befriedigenden) Lösung des Problems.

Um auch in solchen „nicht-neutralen" Situationen Beratungsgespräche führen zu können, entwickelte Busch (2000) ein zehnstufiges Konzept, welches es Ihnen trotz der Doppelrolle als involvierter Lehrer und Berater ermöglichen soll, Distanz zur Problemsituation herzustellen. Das Gespräch folgt einer klaren Struktur und dauert maximal 45 Minuten. Voraussetzung ist, dass Sie Ihren Gesprächspartner als gleichberechtigt ansehen und relativ offen bezüglich des Gesprächsausgangs und der Lösungsvorschläge sind, soweit sich diese im vorgegebenen gesetzlichen Rahmen befinden. Ist Ihnen eine solche Haltung – aus welchen Gründen auch immer – nicht möglich, ist zu überlegen, ob die Beratung eine andere Lehrkraft (z.B. ein Vertrauenslehrer) oder ein externer Berater (z.B. ein Schulpsychologe) übernimmt.

Stufen der Beratung nach Busch (2000)

Stufe 1: Begrüßung
Die Begrüßung sollte genutzt werden, um die Klienten angemessen zu empfangen und ein günstiges Kommunikationsklima herzustellen (z.B. durch einen kurzen Small-Talk).

Stufe 2: Hinweis auf die Methode
In dieser Phase der Beratung informieren Sie Ihren Klienten über die verwendete Beratungsmethode. Sie klären ihn über die Gesprächsprotokolle auf, die Sie während des Gesprächs anfertigen, und vereinbaren mit ihm, was nach der Beratung mit diesen geschehen soll.

Stufe 3: Information der Klienten
Um eine gemeinsame Wissensbasis herzustellen, teilen Sie die wichtigsten Informationen über die Problemsituation mit. So haben alle Beteiligten die Möglichkeit, sich gleichberechtigt am Lösungsfindungsprozess zu beteiligen. Achten Sie dabei jedoch darauf, sich nur auf die Fakten zu beschränken und keine Wertungen oder Interpretationen vorzunehmen.

Stufe 4: Problemsicht des Klienten
In dieser Phase lassen Sie die verschiedenen an der Situation beteiligten Personen ihre Problemsicht erläutern. Sie als Berater halten sich in dieser Phase im Hintergrund, können jedoch die Klienten durch Fragen unterstützen. Sie halten die Äußerungen auf einem vorbereiteten Protokollbogen fest und legen diesen dem Klienten nach seiner Schilderung vor. Zusätzlich können Sie noch einmal in eigenen Worten wiederholen, was sie verstanden haben.

Stufe 5: Ihre Problemsicht
Nun schildern Sie Ihre Problemsicht, versuchen jedoch weiterhin, die Generierung von Lösungsvorschlägen zu unterlassen. Ihre Sichtweise können Sie ebenfalls auf einem Protokollbogen vermerken.

Stufe 6: Vergleich der Problemansichten, Zusammenfassung und Problemdefinition
In dieser Phase verschaffen Sie sich einen Überblick über die Gemeinsamkeiten und Unterschiede der verschiedenen, gleichberechtigten Ansichten zum Problem. Auf der Basis dieser verschiedenen Blickwinkel schlagen Sie eine konsensfähige Problemdefinition vor. Dabei sollte in jedem Fall das Einverständnis aller Gesprächspartner eingeholt werden. Falls mehrere Probleme bestehen, die unterschiedliche Problemdefinitionen erfordern, einigen Sie sich, welches Problem als erstes in Angriff genommen werden soll.

Stufe 7: Lösungssammlung
In dieser Phase sammeln alle Beteiligten zusammen Lösungsvorschläge für das gemeinsam definierte Problem. Sie notieren alle Vorschläge ohne Gruppierung nach Herkunft. Es erfolgt KEINE Bewertung oder Diskussion der einzelnen Lösungsvorschläge.

Stufe 8: Bewertung und Entscheidung
Hier nehmen Sie gemeinsam mit den Gesprächspartnern eine Bewertung der Lösungsvorschläge vor. Gemeinsam wählen Sie den aussichtsreichsten Vorschlag aus.

Stufe 9: Umsetzungsplan und Kontrollvereinbarung
In dieser Phase des Beratungsgesprächs legen Sie fest, welche Anwesenden welche Aufgaben übernehmen und in welchem Zeitraum diese Verpflichtungen zu erfüllen sind.

Stufe 10: Verabschiedung
In dieser Phase sorgen Sie sowohl inhaltlich als auch persönlich für einen „runden" Abschluss des Gesprächs.

Vorbereitung von Elterngesprächen

Viele Lehrer gehen davon aus, dass Sie Beratungsgespräche aus dem Stand heraus führen können und vergessen, welches Potenzial sie ohne eine Gesprächsvorbereitung verschenken. Die folgende Checkliste nennt wichtige Fragen, die Sie sich im Vorfeld eines Beratungsgespräches stellen sollten (nach Storath, 1998).

Vorbereitung von Beratungsgesprächen:

- Welche Informationen liegen mir zu der Situation vor?
- Welchen Rahmenbedingungen gibt es (z.B. rechtlich, Unterstützungssysteme)?
- Wie lange soll die Beratung dauern?
- Wie fühle ich mich im Vorfeld der Beratung?
- Was empfinden vermutlich die Eltern?
- Was ist mein Ziel für dieses Beratungsgespräch? Was möchte ich erreichen? Warum?
- Was möchten (vermutlich) die Eltern erreichen?
- Was geschieht, wenn ich mein Ziel nicht erreiche? Inwiefern gibt es alternative Gesprächsziele?
- Was geschieht, wenn die Eltern ihr Ziel nicht erreichen? Inwiefern haben sie Alternativen?
- Angenommen die Beratung wäre schon vorüber, woran würde ich merken, dass sie erfolgreich verlaufen ist?

Umgang mit Widerständen

Mitunter stehen Gesprächspartner in einem Beratungsgespräch einem Lösungsvorschlag, den der Berater für eine wirklich gute Idee hält, ablehnend gegenüber. Zusätzliche Überredungsversuche führen dann in der Regel nur zu einer Steigerung des Widerstands und sind somit wenig Erfolg versprechend.

Grundsätzlich können Sie in allen Beratungsgesprächen für eine angenehme Atmosphäre sorgen, indem Sie dem Klienten Wertschätzung (z.B. bezüglich ihrer Erziehungsarbeit) entgegenbringen, ihm aktiv zuhören und erkundende Fragen stellen, um ihre Wahrnehmung der Situation genauer zu verstehen. Hierdurch wird dem Aufkommen von Widerständen beim Gegenüber vorgebeugt, da er sich ernst genommen und geachtet fühlt.

Im Falle von Widerständen ist immer zu prüfen, wie offen Sie als Berater tatsächlich für verschiedene Lösungen des Problems sind. Falls Sie bemerken, dass Sie auf Ihrer Lösung beharren und die Situation deshalb festgefahren ist, sollten Sie einen zusätzlichen, neutralen Berater hinzuziehen.

Widerstände können auch durch eine ambivalente Haltung der Eltern gegenüber einer Beratung auftreten, da diese ihre Erziehungsautonomie durch die „Einmischung der Schule" infrage gestellt sehen. In solchen Situationen ist es hilfreich, dem Klienten mehr Freiraum zu verschaffen und ihn beispielsweise aufzufordern, Bedenken gegen Lösungsvorschläge offen auszusprechen und eigene Vorschläge zu machen (Storath, 1998). Es ist wichtig zu bedenken, dass die Eltern (oder Sie und die Eltern gemeinsam, falls Sie in das Problem involviert sind) entscheiden, welche Lösung geeignet ist, und dass Veränderungsprozesse ihre Zeit brauchen.

Literatur

American Psychological Association. (2001). Publication Manual of the American Psychological Association (5th ed.). Washington, DC: Author.

Baumert, J., Klieme, E., Neubrand, J., Prenzel, M., Schiefele, U., Schneider, W., Stanat, P., Tillmann, K.-J. & Weiß, M. (2001). PISA 2000 – Basiskompetenzen von Schülerinnen und Schülern im Internationalen Vergleich. Opladen: Leske und Buderich.

Baumert, J., Lehmann, R., Lehrke, M., Schmitz, B., Clausen, M., Hosenfeld, I., Köller, O. & Neubrand, J. (1997). TIMSS – Mathematischer – naturwissenschaftlicher Unterricht im internationalen Vergleich. Deskriptive Befunde. Opladen: Leske und Buderich.

Becker, G. (2007a). Unterricht planen. Handlungsorientierte Didaktik. Teil I. Weinheim: Beltz.

Becker, G. (2007b). Durchführung von Unterricht. Handlungsorientierte Didaktik. Teil II. Weinheim: Beltz.

Busch, K. (2000). Erfolgreich beraten. Ein praxisorientierter Leitfaden für Beratungsgespräche in der Schule. Baltmannsweiler: Schneider-Verlag.

Dale, E. (1954). Audio-visual methods in teaching. New York: Dryden Press

Fischer-Epe, M. & Epe, C. (2007). Selbstcoaching. Reinbek: Rowohlt.

Gage, N. K. & Berliner, D. C. (1996). Pädagogische Psychologie. Weinheim: Psychologische Verlags Union.

Gläser-Zikuda, M. & Hascher, T. (2007). Lernprozesse dokumentieren, reflektieren und beurteilen. Lerntagebuch & Portfolio in Forschung und Praxis. Bad Heilbrunn: Klinkhardt-Verlag.

Landmann, M. (2008). Entspannt durch den Schulalltag. Selbst- und Stressmanagement für Lehrerinnen und Lehrer. Göttingen: Vandenhoeck & Ruprecht.

Landmann, M. & Schmitz, B. (Hrsg.) (2007). Selbstregulation erfolgreich fördern. Praxisnahe Trainingsprogramme für effektives Lernen. Stuttgart: Kohlhammer.

Lauterburg, C. (2001). Gute Manager fallen nicht vom Himmel. Organisationsentwicklung, 2, 4–11.

Metzger, C. (1996). Lern- und Arbeitsstrategien. Aarau: Sauerländer.

Ohm, D. (2003). Stressfrei durch progressive Muskelrelaxation. Stuttgart: Trias.

Papst-Weinschenk, M. (1995). Reden im Studium. Frankfurt a.M.: Cornlesen Skriptor.

Perels, F. (2007). Hausaufgaben-Training für Schüler der Sekundarstufe I: Förderung selbstregulierten Lernens in Kombination mit mathematischem Problemlösen bei der Bearbeitung von Textaufgaben. In M. Landmann & B. Schmitz (Hrsg.), Selbstregulation erfolgreich fördern. Praxisnahe Trainingsprogramme für effektives Lernen (S. 33–52). Stuttgart: Kohlhammer.

Perels, F., Schmitz, B. & van de Loo, K. (2007). Training für Unterricht – Training im Unterricht. Moderne Methoden machen Schule. Göttingen: Vandenhoeck & Ruprecht.

Rogers, C. R. (1972). Die nicht direktive Beratung. München: Kindler.

Rückriem, G., Stary, J. & Franck, N. (1997). Die Technik wissenschaftlichen Arbeitens. Paderborn: Schöningh.

Schein, E. (1987). Process consultation. Its role in organization development. Reaging: Addison-Wesley.

Schiefele, U. (2004). Förderung von Interessen. In G. Lauth, M. Grünke & C. Brunstein (Hrsg.), Interventionen bei Lernstörungen. (S. 134–144) Göttingen: Hogrefe.

Schmitz, B. (2001). Self-Monitoring zur Unterstützung des Transfers einer Schulung in Selbstregulation für Studierende.

Eine prozessanalytische Untersuchung. Zeitschrift für Pädagogische Psychologie, 15, 179–195.

Schulz von Thun, F. (1998). Miteinander Reden 3. Reinbek: Rowohlt.

Seiwert, L. J. (1984). Das 1x1 des Zeitmanagements. Speyer: Gabal.

Silberman, M. (1998). Active Training: A Handbook for Techniques, Designs, Case exampels and Tips. New York: Macmillan, Inc.

Sonntag, R. (2005). Blitzschnell entspannt. Stuttgart: Trias.

Souvignier, E., Streblow, L., Holodynski, M. & Schiefele, U. (2007). Textdetektive und LOKOLEMO. Ansätze zur Förderung von Lesekompetenz und Lesemotivation. In M. Landmann & B. Schmitz (Hrsg.), Selbstregulation erfolgreich fördern. Praxisnahe Trainingsprogramme für effektives Lernen (S. 52–88). Stuttgart: Kohlhammer.

Storath, R. (1998). „Sag' mir (nicht), was ich tun soll!" – Überlegungen zur Elternberatung in der Schule. Familiendynamik, 23, 60–80.

Tietze, O. (2003). Kollegiale Beratung. Problemlösungen gemeinsam entwickeln. Reinbeck: RoRoRo.

Wallenwein, G. (2003). Spiele: Der Punkt auf dem i: Kreative Übungen zum Lernen mit Spaß. Weinheim: Basel.

Wieke, T. (2004). Erfolgreiches Zeitmanagement. Frankfurt am Main: Eichborn.

Wild, K.-P. & Klein-Allermann, E. (1995). Nicht alle lernen auf die gleiche Weise … Individuelle Lernstrategien und Hochschulunterricht. In B. Behrendt (Hrsg.), Handbuch Hochschullehre. Bonn: Raabe Verlag.

Wild, K.-P. & Schiefele, U. (1994). Lernstrategien im Studium. Ergebnisse zur Faktorenstruktur und Reliabilität eines neuen Fragebogens. Zeitschrift für Differentielle und Diagnostische Psychologie, 15, 185–200.